Mariana C.

GHID PRACTIC

PENTRU A TE IUBI ȘI A FI IUBIT

2024

1.,,Armonia in cuplu''
- explorează diverse aspecte ale relațiilor umane, de la comunicare și empatie, la rezolvarea conflictelor și construirea unei relații de cuplu sănătoase și echilibrate.

2. ,,Vindecarea rănilor emoționale în relații''
- este o carte profundă,care explorează complexitatea relațiilor interpersonale și impactul pe care trecutul emoțional îl poate avea asupra lor.

3. "Cum sa iti gasesti sufletul pereche"
- se adreseaza celor care își doresc sa gaseasca dragostea adevarata si sa-si gaseasca sufletul pereche.

4."Reconstruirea unei relații deteriorate"
- este un ghid util și practic pentru persoanele care se confruntă cu dificultăți în relațiile lor.

Capitolul 5: Autorealizarea și împlinirea personală.
- Cum să ne urmărim scopurile și să ne îndeplinim visurile.
- Tehnici pentru a ne elibera potențialul și a trăi o viață autentică.

Capitolul 6: Comunicarea sănătoasă în relațiile interpersonale.
- Importanța unei comunicări deschise și sincere în relațiile noastre.
- Modalități de a stabili limite sănătoase și de a ne exprima nevoile și dorințele într-un mod eficient.

Capitolul 7: Înțelegerea și gestionarea emoțiilor în relațiile interpersonale.
- Cum să ne cunoaștem și să ne controlăm emoțiile în interacțiunile noastre cu ceilalți.
- Tehnici pentru a ne menține echilibrul emoțional și a gestiona conflictele în mod constructiv.

Capitolul 8: Construirea relațiilor fericite și armonioase.
- Elementele cheie pentru a construi și menține relații sănătoase și fericite.
- Strategii pentru a îmbunătăți relațiile existente și a dezvolta conexiuni autentice.

Capitolul 9: Iubirea de sine și iubirea față de ceilalți.

- Cum să integrăm iubirea de sine în relațiile noastre cu ceilalți.

- Rolul compasiunii și empatiei în construirea relațiilor interpersonale sănătoase.

Capitolul 10: Practicarea iubirii de sine în fiecare zi.

- Sfaturi și sugestii pentru a ne menține iubirea de sine în fiecare aspect al vieții noastre.

- Cum să ne amintim constant că suntem vrednici de iubire și respect, și să ne manifestăm acest sentiment în fiecare zi.

"Ghidul practic pentru a te iubi și a fi iubit" este o carte care îți oferă sfaturi și tehnici practice pentru a-ți îmbunătăți relațiile sentimentale și pentru a-ți cultiva iubirea de sine. Autoarea explorează diferite aspecte ale iubirii și ale relațiilor de cuplu, oferind cititorilor instrumente utile pentru a-și găsi echilibrul interior și pentru a construi relații sănătoase și împlinite.

Cartea abordează subiecte precum comunicarea eficientă în cuplu, gestionarea conflictelor, construirea încrederii în sine și în partener, precum și modalități de a-ți exprima iubirea și recunoștința față de celălalt.

Autoarea îți oferă exerciții practice, sfaturi personalizate și exemple din experiența reală a autorului, pentru a te ajuta să-ți transformi relațiile amoroase în experiențe autentice de iubire și împlinire. O lectură indispensabilă pentru oricine își dorește să-și îmbunătățească relațiile sentimentale și să trăiască o iubire autentică și sănătoasă.

Capitolul 1

- Introducere în importanța iubirii de sine.
- Definirea stimei de sine și a impactului său asupra vieții noastre.
- Importanța învățării să ne iubim pe noi înșine înainte de a putea iubi pe altcineva.

Iubirea de sine este un aspect esențial al dezvoltării personale și al stării de bine emoțională și mentală. Aceasta reprezintă capacitatea de a ne accepta și iubi pe noi înșine așa cum suntem, cu toate calitățile și defectele noastre. Este un proces continuu de autocunoaștere, autocorectare și autocreștere.

Iubirea de sine nu înseamnă egoism sau narcisism, ci înseamnă să ne acordăm timp și atenție necesară pentru a ne îngriji de noi înșine și a ne dedica timpul necesar pentru a ne descoperi și a ne dezvolta potențialul interior. Aceasta începe cu acceptarea de sine și cu înțelegerea faptului că suntem ființe unice și valoroase.

O relație sănătoasă cu propria persoană este fundamentul oricărei alte relații, fie că vorbim de relații interpersonale, relații de muncă sau chiar de succesul în viață. Atunci când ne iubim pe noi înșine, suntem mai încrezători, mai motivați și mai empatici față de ceilalți. Avem abilitatea de a stabili limite sănătoase, de a ne pune nevoile și bunăstarea pe primul plan și de a ne asuma responsabilitatea pentru propria fericire. În același timp, iubirea de sine ne ajută să depășim obstacolele și provocările vieții cu mai multă ușurință, să ne vindecăm rănile emoționale și să ne bucurăm de o stare de bine și împlinire interioară. Ne oferă o bază solidă pentru a construi o viață autentică și împlinită.Pentru a dezvolta iubirea de sine, este important să ne acordăm timp pentru activități care ne aduc bucurie și satisfacție, să ne acordăm iertare pentru greșelile trecute și să ne tratăm cu blândețe și compasiune. Este important să ne respectăm propriile nevoi și să ne ascultăm intuiția și sentimentele.

Prin conștientizarea și dezvoltarea iubirii de sine, putem deveni versiuni mai bune și mai autentice ale noastre înșine, iar asta va avea un impact pozitiv asupra vieții noastre și a celor din jurul nostru.

Iubirea de sine este un aspect esențial al sănătății mentale și emoționale. Aceasta implică respectul, acceptarea și aprecierea de sine, fără a fi prea critic sau exigent cu propria persoană. Este important să ne iubim și să ne acceptăm pe noi înșine așa cum suntem, cu toate calitățile și defectele noastre.

Dezvoltarea iubirii de sine poate avea numeroase beneficii. Aceasta poate crește stima de sine, încrederea în propriile abilități și capacitatea de a face față provocărilor vieții. De asemenea, poate duce la relații mai sănătoase și mai fericite, deoarece persoanele care se iubesc pe sine sunt capabile să își exprime nevoile și să stabilească limite clare în relațiile lor.

Iubirea de sine este un factor important în gestionarea stresului și anxietății. Persoanele care se iubesc pe sine sunt mai rezistente la presiunile și dificultățile vieții și au tendința să se îngrijoreze mai puțin cu privire la părerile altora sau la eșecurile posibile.

Există numeroase moduri de a dezvolta iubirea de sine. Unul dintre acestea este practicarea autocunoașterii și auto-reflecției, pentru a înțelege mai bine nevoile, dorințele și limitele proprii.

De asemenea, este important să ne acordăm timp pentru activități care ne fac plăcere și să ne îngrijim de corpul nostru prin alimentație sănătoasă, exerciții fizice și odihnă adecvată. Iubirea de sine este un proces continuu și nu un obiectiv pe care îl atingem o dată pentru totdeauna. Este important să lucrăm constant la dezvoltarea acestei atitudini pozitive față de sine pentru a ne menține sănătatea emoțională și bunăstarea generală.

Prin adoptarea acestor practici și investirea în dezvoltarea iubirii de sine, vei observa o îmbunătățire a stimei de sine, a capacității de a face față provocărilor și a relațiilor mai sănătoase și mai satisfăcătoare cu ceilalți.

- Practicarea compasiunii și bunătății față de sine .

- Este important să îți acorzi timp pentru a reflecta asupra sentimentelor și nevoilor tale și să îți oferi sprijin și încurajare în momentele dificile. Poți încerca să te vorbești cu bunătate și să îți oferi aceeași îngrijire și acceptare pe care le-ai oferi unei persoane dragi.

- Autocunoașterea .
- Înțelegerea propriilor sentimente, gânduri și dorințe te poate ajuta să te cunoști mai bine și să devii mai conștient de cine ești cu adevărat.
încerca să ții un jurnal în care să îți notezi gândurile și emoțiile sau să discuți cu un terapeut sau un prieten de încredere pentru a te ajuta să explorezi aspectele mai profunde ale personalității tale.

- Setarea limitelor sănătoase.
- Este important să îți recunoști și să îți respecți propriile limite și să înveți să spui "nu" atunci când simți că îți depășești capacitățile sau că îți afectează negativ starea de bine. A avea limite sănătoase te poate ajuta să îți protejezi sănătatea mentală și emoțională și să îți stabilești prioritățile în funcție de nevoile tale.

- Îngrijirea de sine.
- Acordă-ți timp pentru a te ocupa de fizicul tău, să îți hrănești corpul cu alimente sănătoase, să faci mișcare regulat și să te odihnești suficient. De asemenea, găsește activități pe care le adori și care îți aduc bucurie și împlinire și fă-ți timp pentru ele în mod regulat.

- Lucrul la propriile convingeri negative.
- Identifică și confruntă-te cu convingerile negative pe care le ai despre tine și încearcă să le transformi în gânduri mai pozitive și încredere în sine.
 folosi tehnici de terapie cognitiv-comportamentală sau să îți setezi obiective realiste și să îți recompensezi succesul pentru a construi o autoapreciere mai sănătoasă.

Iubirea de sine este un aspect crucial al sănătății mentale și al fericirii noastre generale. Și totuși, mulți dintre noi tindem să ne subestimăm sau să ne criticăm pe noi înșine în loc să ne iubim și să ne acceptăm așa cum suntem. Această autodragoste este esențială pentru a putea forma relații sănătoase și satisfăcătoare cu ceilalți.Atunci când ne iubim pe noi înșine, suntem mai încrezători, mai conștienți de propria valoare și mai împăcați cu noi înșine. Aceasta ne permite să ne comportăm într-un mod autentic și autentic și să ne exprimăm nevoile și dorințele noastre într-o manieră sănătoasă. Iubindu-ne pe noi înșine, ne permitem să fim vulnerabili și să ne deschidem inimile spre ceilalți - ceea ce este esențial pentru a forma legături profunde și semnificative.

În plus, iubirea de sine ne învață să ne setăm limite sănătoase și să avem grijă de noi înșine în primul rând. Ne înțelegem mai bine nevoile și prioritățile și acționăm în consecință, fără a ne sacrifica propriul bunăstare pentru binele altora. Acest lucru ne ajută să evităm relațiile toxice și să ne îndreptăm spre conexiuni autentice și sănătoase.

Învățarea de a ne iubi pe noi înșine este un proces continuu și esențial pentru fericirea și satisfacția noastră atât în relațiile cu ceilalți, cât și în viața noastră în general. Prin cultivarea autodragostei, putem deveni mai împliniți, mai încrezători și mai prezenți în relațiile noastre și în experiența noastră de viață în ansamblu.

Iubirea de sine este un aspect fundamental al stării noastre de bine și fericire. Fără să ne iubim pe noi înșine, este dificil să avem relații sănătoase și fericite cu ceilalți. Acest lucru se datorează faptului că nivelul nostru de iubire de sine ne influențează felul în care ne percepem, ne comportăm și ne raportăm la ceilalți.Există mai multe metode și practici pe care le putem adopta pentru a ne dezvolta iubirea de sine. Una dintre ele este meditația, care ne ajută să ne conectăm cu noi înșine, să ne cunoaștem mai bine și să ne acceptăm așa cum suntem.

De asemenea, exercițiile de autocunoaștere ne pot ajuta să identificăm și să lucrăm la aspectele noastre negative, astfel încât să ne putem dezvolta în mod constant și să ne îmbunătățim stima de sine.

Alte metode care ne pot ajuta să ne iubim pe noi înșine includ îngrijirea personală, cum ar fi exercițiile fizice, alimentația sănătoasă, odihna suficientă și menținerea unei rutine echilibrate. De asemenea, este important să ne acordăm timp pentru hobby-urile și activitățile care ne aduc bucurie și satisfacție, să ne permitem să ne relaxăm și să ne distrăm, să ne tratăm cu grijă și respect.

O altă modalitate eficientă de a ne dezvolta iubirea de sine este să ne educăm și să ne creștem nivelul de conștientizare și înțelegere a propriilor nevoi, dorințe și limite. Este important să ne setăm limite și să ne respectăm propriile alegeri și decizii, să nu ne compătimim, să nu ne criticăm și să nu ne judecăm dur și să avem încredere în noi înșine.

Iubirea de sine este un proces continuu de autocunoaștere, acceptare și îngrijire care ne ajută să ne dezvoltăm în mod individual și să ne construim relații sănătoase și fericite cu ceilalți.

Este important să adoptăm diverse metode şi practici care să ne ajute să ne iubim pe noi înşine și să ne valorizăm, astfel încât să ne putem bucura de o viață plină de fericire şi împlinire.Iubirea de sine este un aspect extrem de important al sănătății noastre emoționale şi mentale. Atunci când ne iubim pe noi înşine, suntem mai încrezători, mai fericiti şi mai echilibrați. De multe ori, însă, ne concentrăm prea mult pe nevoile și dorințele altora și uităm să ne acordăm timpul şi atenția necesare pentru a ne iubi pe noi înșine.

Iată zece metode eficiente prin care ne putem cultiva iubirea de sine:

1. Practicarea auto-acceptării .
- În loc să ne criticăm sau să ne judecăm aspru, este important să ne acceptăm aşa cum suntem. Fiecare persoană are calități și defecte, și este important să ne concentrăm pe aspectele pozitive și să ne acceptăm și să ne îmbrățișăm imperfecțiunile.

2. Acordarea de timp pentru sine .
- Stabilirea unui timp rezervat exclusiv pentru noi înșine este esențial pentru a ne încărca bateriile și a ne relaxa.

Putem alege să facem activități care ne aduc bucurie și liniște, cum ar fi cititul unei cărți, meditația sau plimbările în natură.

3. Auto-îngrijirea .
- Este important să avem grijă de noi înșine atât la nivel fizic, cât și emoțional. Asta înseamnă să avem o rutină sănătoasă de alimentație, să facem exerciții fizice, să ne odihnim suficient și să ne concentram asupra stării noastre de sănătate mentală.

4. Practicarea compasiunii față de sine .
- Este important să fim blânzi și îngăduitori cu noi înșine. Să acceptăm și să ne iertăm greșelile și să tratăm cu bunătate și înțelegere fiecare aspect al ființei noastre.

5. Conectarea cu propriile nevoi și dorințe .
- Este important să ne cunoaștem și să ne ascultăm propriile nevoi și dorințe. În loc să ne neglijăm pentru a satisface pe alții, este esențial să ne prioritizăm propria fericire și bine-stare.

6. Încurajarea și susținerea proprie .
- Să ne încurajăm și să ne susținem în realizarea obiectivelor și visurilor noastre

este un mod puternic de a ne manifesta iubirea de sine. Să ne amintim constant că suntem vrednici de succes și fericire.

7. Recunoașterea și sărbătorirea succeselor.
 - Este important să nu uităm să ne bucurăm de succesele noastre și să ne laudăm meritele. Să recunoaștem și să celebrăm fiecare realizare, indiferent de cât de mică este.

8. Practicarea recunoștinței .
- O modalitate eficientă de a ne manifesta iubirea de sine este să ne concentrăm pe aspectele pozitive din viața noastră și să fim recunoscători pentru ele. Să ne amintim de toate lucrurile frumoase și bune pe care le avem în viață.

9. Meditație și mindfulness .
- Practicarea meditației și a mindfulness-ului ne poate ajuta să ne conectăm cu sinele nostru interior și să ne centrăm atenția pe prezent. Aceste tehnici ne pot ajuta să ne relaxăm, să ne liniștim mintea și să ne întărim stima de sine.

10. Căutarea sprijinului profesional .
- Dacă simțiți că aveți dificultăți în a vă iubi

pe voi înșivă sau în a vă manifesta această iubire de sine, nu ezitați să căutați sprijinul unui terapeut sau coach. Aceștia vă pot ajuta să identificați și să depășiți blocajele emoționale sau mentale care vă împiedică să vă iubiți pe voi înșivă în mod autentic.

Iubirea de sine este un proces continuu și implică o practică constantă a auto-îngrijirii, compasiunii și recunoștinței față de sine. Este esențial să ne acordăm timp și atenție pentru a ne cunoaște, accepta și iubi pe noi înșine, deoarece acesta este fundamentul unei vieți fericite și echilibrate.

Studiu de caz

Iubirea de sine.

Iubirea de sine reprezintă capacitatea unei persoane de a se accepta, aprecia și îngriji pe sine în modul cel mai sănătos și pozitiv posibil. Este unul dintre cei mai importanți factori care contribuie la starea de bine și la sănătatea mentală și emoțională a unei persoane.

Un exemplu concret de iubire de sine poate fi povestea Mariei, o femeie în vârstă de 35 de ani care a trecut printr-o perioadă dificilă în viața sa. După o despărțire dureroasă, Maria s-a simțit singură, nesigură și neînsemnată. În loc să se lase copleșită de aceste sentimente negative, Maria a decis să înceapă să-și acorde mai multă atenție și iubire de sine.

În primul rând, Maria a învățat să-și acorde timp și atenție. A început să practice activități care o făceau fericită și care o ajutau să se simtă bine în propria piele, precum yoga, pictura sau plimbările în natură. Aceste momente petrecute singură i-au oferit ocazia să se conecteze cu propriile ei nevoi și să-și descopere pasiunile.

În al doilea rând, Maria a învățat să-și recunoască și să-și aprecieze calitățile și realizările. În loc să se compare cu alții sau să se critice pe sine, Maria și-a concentrat atenția asupra lucrurilor bune din viața sa și a recunoscut că este o persoană valoroasă și merituoasă de iubire.

În cele din urmă, Maria a învățat să-și îngrijească corpul și mintea în mod sănătos. A început să facă alegeri alimentare mai bune, să se odihnească suficient și să se implice în activități care îi aduceau relaxare și liniște interioară.

Prin practicarea iubirii de sine, Maria a reușit să-și crească stima de sine, să-și recapete încrederea în propriile forțe și să-și construiască o relație mai sănătoasă cu ea însăși și cu cei din jurul ei. A învățat că este important să-și acorde timp și atenție, să-și aprecieze și să-și iubească necondiționat propria persoană, deoarece doar prin iubirea de sine poate să trăiască o viață împlinită și fericită.

Capitolul 2

- Identificarea și depășirea blocajelor personale.
- Analizarea factorilor care ne pot împiedica să ne iubim pe noi înșine.
- Tehnici și exerciții practice pentru a depăși aceste blocaje.

Blocajele personale sunt acele obstacole, bariere sau gânduri limitative care împiedică o persoană să-și atingă potențialul maxim și să-și atingă obiectivele. Aceste blocaje pot fi de natură emoțională, mentală sau comportamentală și pot proveni din diferite surse, cum ar fi traumele din copilărie, experiențe negative, frici sau convingeri limitative.

Identificarea blocajelor personale este un proces important pentru a putea depăși aceste obstacole și a evolua pe plan personal și profesional. Uneori, blocajele pot fi evidente și ușor de identificat, cum ar fi frica de eșec sau de respingere, dar uneori pot fi mai subtile și mai adânc înrădăcinate în subconștientul nostru.

Există diferite metode și tehnici pe care le putem folosi pentru a identifica blocajele personale, cum ar fi terapia cognitiv-comportamentală, terapia prin vindecarea copilului interior, meditația sau autocunoașterea. Este important să fim sinceri cu noi înșine și să fim deschiși să explorăm profund motivele care stau la baza comportamentelor noastre limitative.

Odată ce am identificat blocajele personale, putem să le gestionăm și să lucrăm asupra lor pentru a le depăși. Este important să ne asumăm responsabilitatea pentru propria evoluție și să avem răbdare și perseverență în acest proces de transformare personală. Prin conștientizare și acțiune, putem să ne eliberăm de blocajele care ne împiedică să ne atingem potențialul și să trăim viața pe care o dorim.

Un blocaj personal poate fi reprezentat de frica de esec sau de respingere. Acest blocaj poate apărea în diverse contexte, cum ar fi la locul de muncă, în relațiile interpersonale sau în încercarea de a-ți atinge anumite obiective.

De exemplu, să ne imaginăm că o persoană dorește să își înceapă propria afacere, dar este blocată de frica de eșec. Această frică poate proveni din experiențe anterioare de eșec sau din presiunea socială de a reuși.

Individul poate refuza să îşi urmeze visul şi să îşi asume riscurile necesare pentru a începe afacerea, din teama că va eşua şi că va fi judecat de ceilalţi.

Un alt exemplu de blocaj personal ar putea fi teama de respingere în relaţii interpersonale. O persoană poate evita să îşi exprime sentimentele sau să îşi arate vulnerabilitatea din frica de a fi respinsă de ceilalţi. Acest blocaj poate afecta capacitatea individului de a forma relaţii sănătoase şi autentice cu ceilalţi.

Identificarea blocajelor personale este un prim pas important în depăşirea lor. Prin conştientizarea şi înţelegerea motivelor care stau la baza acestor blocaje, o persoană poate începe să lucreze pentru a le depăşi şi pentru a-şi atinge potenţialul maxim.

Depăşirea blocajelor personale este un proces care implică confruntarea cu propriile temeri, incertitudini şi limitări pentru a putea evolua şi creşte în mod personal şi profesional.

Blocajele personale pot fi cauzate de diferite motive, cum ar fi traumele din trecut, credinţe limitative, frica de eşec sau de respingere, lipsa încrederii în sine sau tendinţa de a te auto-sabota.

Pentru a depăși aceste blocaje, este important să îți dai seama de ce anume te limitează și să îți propui să îți depășești aceste obstacole. Acest lucru poate presupune să te deschizi la terapie sau consiliere, să îți dezvolți abilitățile de comunicare și relaționare, să înveți tehnici de gestionare a stresului și anxietății sau să îți asumi riscuri și să ieși din zona ta de confort.

De asemenea, este util să îți stabilești obiective clare și realizabile, să îți cultivi o atitudine pozitivă și să îți accepți defectele și vulnerabilitățile, în loc să le negi sau să le ascunzi. În plus, să cauți inspirație și susținere din partea celor dragi sau a unor mentori sau coach-uri poate fi benefic în procesul de depășire a blocajelor personale.

Nu este un proces ușor sau rapid, dar dacă ești determinat și perseverent, vei reuși să îți depășești blocajele și să îți atingi potențialul maxim. Este important să rămâi deschis la schimbare și să fii blând cu tine însuți pe parcursul acestui proces, pentru a putea învăța din greșeli și să te dezvolți în mod constant.

Depășirea blocajelor personale este un proces profund și personal care necesită o introspecție sinceră și o dorință puternică de a evolua și crește. Blocările personale pot fi legate de frică, lipsa de încredere în sine, traume din trecut sau alte probleme emoționale sau psihologice. De asemenea, ele pot fi legate de condiționările sociale sau culturale, precum idei preconcepute sau constrângeri impuse de alții.

Un exemplu de blocaj personal ar putea fi o persoană care se teme să-și exprime părerea în public din frica de a fi judecată sau criticată. Pentru a depăși acest blocaj, individul ar trebui să identifice sursa fricii și să lucreze la construirea încrederii în sine prin practică și expunere treptată la situațiile de vorbire în public. De asemenea, ar putea beneficia de terapie sau consiliere pentru a explora și soluționa cauzele profunde ale acestei frici.

Un alt exemplu ar putea fi o persoană care se simte blocată în cariera sa și nu reușește să-și atingă potențialul maxim din cauza lipsei de încredere sau a unei mentalități fixe. Pentru a depăși acest blocaj, individul ar putea să-și propună obiective clare și realiste, să învețe noi abilități și să-și extindă rețeaua de relații profesionale.

De asemenea, ar putea beneficia de coaching sau mentorat pentru a primi îndrumare și sprijin în procesul său de dezvoltare. Depășirea blocajelor personale implică un angajament continuu în procesul de autocunoaștere, dezvoltare personală și creștere emoțională. Este important să fii deschis la schimbare, să înveți din eșecuri și să-ți asumi riscuri pentru a-ți depăși limitele și a-ți atinge potențialul maxim.

În ciuda faptului că iubirea de sine este considerată esențială pentru a avea o viață împlinită și fericită, mulți oameni se confruntă cu dificultăți în a-și oferi această iubire și acceptare deplină pe ei înșiși. Există o serie de factori care pot contribui la acest impediment, iar înțelegerea acestora este crucială pentru a putea să ne depășim blocajele și să ne construim o relație sănătoasă cu propria persoană.

-Unul dintre factorii care pot împiedica iubirea de sine este critica excesivă. Multe persoane au tendința de a fi prea dure cu ele însele, găsind mereu defecte și greșeli în ceea ce fac sau în cum arată. Această auto-critică constantă poate distruge încrederea în sine și poate afecta negativ stima de sine.

Este important să învățăm să ne acceptăm imperfecțiunile și să ne concentrăm pe aspectele pozitive ale personalității și ale vieții noastre.

-Un alt factor care poate să ne împiedice să ne iubim pe noi înșine este faptul că ne comparăm în mod constant cu alții. În era social media, este ușor să cadem în capcana de a ne compara viața sau aspectul nostru cu cel al altora, ceea ce poate duce la sentimente de inutilitate sau inferioritate. Este important să ne amintim că fiecare persoană are propriul parcurs și că suntem unici în felul nostru, având propriile calități și talente.

-Alți factori care pot să ne împiedice să ne iubim pe noi înșine includ traumele emoționale din trecut, relațiile toxice sau abuzive, presiunea societății de a ne conforma anumitor standarde de frumusețe sau succes, sau lipsa de autocunoaștere și auto-îngrijire. Este important să identificăm acești factori și să lucrăm pentru a-i depăși, prin terapie, auto-reflecție sau alte tehnici de dezvoltare personală.

Iubirea de sine este un proces continuu și învațăm să ne iubim pe noi înșine în fiecare zi, acceptându-ne așa cum suntem și investind în sănătatea noastră emoțională și mentală. Este important să ne acordăm timpul și atenția de care avem nevoie pentru a ne descoperi și a ne accepta în întregime, încurajându-ne și susținându-ne pe parcursul călătoriei noastre personale.Există mai mulți factori care pot împiedica o persoană să se iubească pe sine însăși și să aibă o încredere în propria valoare și merit. Unul dintre acești factori poate fi experiențele negative din trecut, cum ar fi traumele emoționale sau fizice, abuzul sau abandonul, care pot lăsa răni adânci în psihicul unei persoane. Aceste traume pot afecta capacitatea unei persoane de a se iubi pe sine, deoarece îi pot face să se simtă nevrednici de dragoste sau fericire.

Un alt lucru care poate împiedica auto-iubirea este criticul intern, adică vocea critică și auto-devalorizatoare pe care o persoană o poate avea în mintea sa. Această voce critică poate să le spună persoanelor că nu sunt suficient de bune, frumoase sau demne de iubire, ceea ce le poate sabota încrederea în sine și auto-stima.

De asemenea, presiunea socială și standardele nerealiste de frumusețe și succes impuse de societate pot contribui la lipsa de auto-iubire.

Mulți oameni se compară cu alții și își pun standarde nerealiste pentru ei înșiși, ceea ce îi poate face să se simtă inferiori și nevrednici de iubire.

Lipsa de autocunoaștere și înțelegere a propriei persoane poate duce la un sentiment de disconectare de sine și la o lipsă de iubire de sine. Este important să ne cunoaștem și să ne acceptăm pe noi înșine, cu toate calitățile și defectele noastre, pentru a ne putea iubi cu adevărat.

Există numeroși factori care pot împiedica o persoană să se iubească pe sine, însă este important să lucrăm la aceste aspecte și să ne acceptăm și să ne iubim așa cum suntem, cu toate imperfecțiunile noastre. Auto-iubirea este un proces continuu și îngrijirea de sine este esențială pentru sănătatea noastră mentală și emoțională.

Iată câteva factori care ne pot împiedica să ne iubim pe noi înșine:

1. Compararea constantă cu alții.
Atunci când ne comparăm mereu cu alte persoane și ne concentrăm pe ceea ce credem că nu avem sau nu suntem, pierdem din vedere calitățile și realizările noastre.

Acest lucru poate duce la scăderea stimei de sine și la lipsa de iubire pentru propria persoană.

2. Critica constantă din partea altora. Dacă primim constant critici și feedback negativ din partea celor din jurul nostru, putem începe să ne autocriticăm și să ne judecăm dur pe noi înșine. Acest lucru poate duce la scăderea încrederii în sine și la lipsa de iubire pentru propria persoană.

3. Traume și experiențe negative din trecut. Traumele și experiențele negative din trecut pot avea un impact semnificativ asupra modului în care ne percepem pe noi înșine și asupra capacității noastre de a ne iubi. De exemplu, abuzul emoțional sau fizic din copilărie poate duce la dezvoltarea unei imagini de sine distorsionate și la dificultăți în a-ți acorda iubire și compasiune.

4. Încrederea în mituri culturale sau stereotipuri: Unele culturi sau societăți pun un mare accent pe conformitate și perfecționism, ceea ce poate duce la autodepreciere și la impunerea unor standarde nerealiste pentru sine.

Aceste mituri culturale sau stereotipuri pot împiedica pe cineva să se iubească pe sine și să-și accepte imperfecțiunile.

5. Lipsa de auto-cunoaștere și auto-reflecție. Dacă nu suntem conectați la propriile noastre emoții, nevoi și dorințe, putem avea dificultăți în a ne recunoaște și a ne iubi pe sine. Auto-cunoașterea și auto-reflecția sunt chei importante în dezvoltarea unei relații sănătoase cu noi înșine.

Sunt o serie de factori care pot împiedica pe cineva să se iubească pe sine, dar recunoașterea și conștientizarea acestor factori pot fi primul pas către vindecare și autocunoaștere. Este important să luăm timp să ne conectăm cu noi înșine, să acceptăm și să îmbrățișăm toate aspectele noastre, inclusiv cele mai vulnerabile și imperfecțiuni, pentru a ne putea iubi cu adevărat.

Pentru a ne dezvolta capacitatea de a ne iubi pe noi înșine, este important să lucrăm la autocunoaștere, la autocorectare și la acceptarea de sine. Este esențial să ne iubim și să ne acceptăm pe noi înșine așa cum suntem, cu toate calitățile și defectele noastre, și să acordăm atenție propriei noastre stări de bine și nevoilor noastre.

Este important să ne acordăm timp, să ne stabilim limite sănătoase în relațiile noastre și să căutăm ajutor profesional atunci când avem nevoie. Având în vedere că iubirea de sine este un proces continuu și complex, este esențial să fim blânzi și îngăduitori cu noi înșine și să învățăm să ne iertăm și să ne iubim în fiecare zi.A învăța să ne iubim pe noi înșine este un proces care poate fi dificil și plin de provocări. Unul dintre principalele blocaje în calea noastră spre auto-iubire este critica constantă pe care ne-o adresăm, sentimentul de nevrednicie și lipsa încrederii în sine. Pentru a depăși aceste blocaje și a ne construi o relație sănătoasă cu noi înșine, putem folosi următoarele tehnici:

1. Practicarea autocompatimii - în loc să ne criticăm și să ne judecăm constant, putem învăța să ne tratăm cu blândețe și compasiune. Așa cum am fi empatici și îngrijitori cu un prieten drag care trece printr-un moment dificil, la fel ar trebui să fim și cu noi înșine.

2. Identificarea gândurilor negative și înlocuirea lor cu afirmații pozitive - atunci când ne surprindem gândind negativ despre

noi înșine, putem să identificăm acele gânduri și să le înlocuim cu afirmații pozitive și încurajatoare.

De exemplu, în loc să ne spunem că nu suntem destul de buni, putem să ne amintim de calitățile noastre și să ne încurajăm să ne apreciem mai mult.

3. Îngrijirea de sine – este important să avem grijă de noi înșine atât la nivel fizic, cât și emoțional. Acest lucru poate include acordarea unui timp pentru activități care ne fac plăcere, cum ar fi sportul, meditația sau petrecerea timpului cu persoanele dragi. De asemenea, este important să avem grijă de sănătatea noastră fizică și să ne odihnim suficient.

4. Practicarea recunoștinței – să ne concentrăm asupra lucrurilor bune din viața noastră și să fim recunoscători pentru ele poate ajuta la cultivarea unei stări mentale pozitive. Recunoașterea și aprecierea lucrurilor bune din viața noastră ne pot ajuta să ne iubim și să ne valorizăm mai mult.

5. Terapia sau consilierea – dacă simțim că blocajele noastre emoționale sunt prea

puternice și nu reușim să le depășim singuri, putem apela la ajutor profesional. Un terapeut sau consilier ne poate oferi un cadru sigur și sprijin pentru a explora și depăși blocajele noastre și pentru a ne construi o relație mai sănătoasă cu noi înșine.

Prin aplicarea acestor tehnici și prin angajamentul în procesul de dezvoltare personală, putem învăța să ne iubim pe noi înșine mai mult și să ne construim o relație mai echilibrată și mai împlinitoare cu noi înșine. Este important să ne amintim că auto-iubirea este un proces continuu și că este normal să avem zile mai grele, dar este esențial să reamintim și să ne cultivăm iubirea și compasiunea pentru noi înșine în fiecare zi.

Iubirea de sine este un aspect important al sănătății mentale și emoționale, dar uneori ne confruntăm cu blocaje care ne împiedică să ne iubim pe noi înșine așa cum ar trebui. Aceste blocaje pot proveni din diverse surse, cum ar fi experiențele din copilărie, traumele emoționale, stresul sau presiunea socială. Pentru a depăși aceste blocaje și a ne îmbunătăți relația cu noi înșine, este important să facem exerciții practice și constiente.

Iată câteva sugestii de exerciții care te pot ajuta să depășești blocajele și să cultivi iubirea de sine:

1. Practicarea auto-îngrijirii și auto-acceptării.

O modalitate eficientă de a depăși blocajele legate de iubirea de sine este să practici auto-îngrijirea și auto-acceptarea. Acest lucru implică acordarea de timp și atenție nevoilor tale emoționale, fizice și mentale. Poți încerca să-ți stabilești o rutină zilnică de auto-îngrijire, cum ar fi meditația, exercițiile fizice, cititul cărților motivaționale sau scrierea în jurnal.

Un exemplu de practicare a auto-îngrijirii este să-ți acorzi timp pentru a face activități care îți aduc bucurie și pace interioară. De exemplu, poți merge la o plimbare în natură, să practici yoga sau să te relaxezi cu o carte și o ceașcă de ceai.

2. Lucrul cu un terapeut sau coach personal.

Pentru a depăși blocajele care te împiedică să te iubești pe tine însuți, poți beneficia de lucrul cu un terapeut sau coach personal. Acești profesioniști pot ajuta să identifici și să explorezi originile blocajelor emoționale sau mentale și să găsești modalități eficiente de a le depăși.

Prin discuțiile cu un terapeut sau coach personal, poți descoperi și înțelege mai bine fricile, insecuritățile sau trauma din trecut care îți afectează relația cu tine însuți. De asemenea, vei avea suportul și ghidarea necesare pentru a dezvolta strategii sănătoase de auto-iubire și auto-stimă.

3. Practicarea compasiunii față de sine. Un alt exercițiu practic pentru a depăși blocajele de a ne iubi pe noi înșine este practicarea compasiunii față de sine. Acest lucru implică cultivarea unei atitudini blânde, înțelegătoare și milostive față de propria persoană, chiar și în momentele dificile sau când greșești.
Poți încerca să te pui în locul tău și să îți oferi sprijinul și încurajarea pe care le-ai oferi unui prieten drag în aceleași circumstanțe. De asemenea, poți folosi mantră de compasiune sau afirmări pozitive pentru a-ți întări relația cu tine însuți și pentru a-ți oferi încurajare în momentele de auto-dubitare sau autosabotaj.

4. Practicarea recunoștinței și aprecierii de sine. Un alt exercițiu practic pentru a depăși blocajele de a ne iubi pe noi înșine este practicarea recunoștinței și aprecierii de sine.

Acest lucru implică identificarea și aprecierea
pozițiilor, abilităților sau trăsăturilor tale
pozitive, precum și recunoașterea și
mulțumirea pentru lucrurile bune din viața
ta.
Poți ține un jurnal de recunoștinţă în care să
notezi zilnic lucrurile pentru care ești
recunoscător și apreciezi despre tine însuți.
De asemenea, poți încerca să îți conturezi
bunele trăsături ale tale și să îți acorzi
recunoașterea și aprecierea pe care o meriți.

5. Practicarea iertării de sine. Un alt exercițiu
practic pentru a depăși blocajele de a ne iubi
pe noi înșine este practicarea iertării de sine.
Acest lucru implică eliberarea de
resentimente, vinovății sau regrete din trecut
și acceptarea de sine cu toate imperfecțiunile
tale.
Poți încerca să îți scrii o scrisoare de iertare
către tine însuti, în care îți exprimi regretul
pentru greșelile sau deciziile nesăbuite din
trecut și îți oferi iertațiile.
De asemenea, poți încerca să meditezi sau să
practici vizualizarea ghidată pentru a elibera
orice emoții negative sau auto-judecată și
pentru a te accepta și iubi așa cum ești.

Capitolul 3

- Construirea încrederii în sine și a respectului de sine.
- Cum să ne dezvoltăm o relație sănătoasă cu noi înșine.
- Metode pentru a ne învăța să ne respectăm și să ne apreciem în mod constant.

Construirea încrederii în sine și a respectului de sine este un proces continuu și necesar pentru dezvoltarea personală și pentru o viață echilibrată și împlinită. Este important să ne cunoaștem pe noi înșine, să ne acceptăm așa cum suntem și să ne apreciem calitățile și realizările noastre.Pentru a construi încrederea în sine, este esențial să ne propunem obiective realiste și să lucrăm în mod constant pentru a le atinge. Este important să ne concentrăm pe aspectele pozitive ale personalității noastre și să ne acceptăm și să ne iubim pe noi înșine așa cum suntem. De asemenea, este benefic să ne încurajăm pe noi înșine și să ne felicităm pentru fiecare pas mic pe care îl facem în direcția dorită.

Respectul de sine este, de asemenea, crucial pentru o viață fericită și împlinită. Acesta implică să fim conștienți de propriile noastre valori, să avem încredere în propriile noastre decizii și să ne impunem limite sănătoase în relațiile cu ceilalți. Este important să avem grijă de noi înșine atât din punct de vedere fizic, cât și emoțional și să ne tratăm cu blândețe și compasiune.

Construirea încrederii în sine și a respectului de sine necesită timp și efort, dar este un proces care merită fiecare investiție. Atunci când suntem încrezători și ne respectăm pe noi înșine, avem mai mult succes în relațiile cu ceilalți, în carieră și în viața de zi cu zi.

Este important să avem încredere în propria noastră valoare și să nu ne comparăm cu alții, ci să ne concentrăm pe propria noastră creștere și dezvoltare personală.

Încrederea în sine este un aspect crucial al dezvoltării personale și succesului în viață. Indiferent de domeniul în care activezi, încrederea în sine te ajută să fii mai potrivit în a-ți atinge obiectivele și a depăși provocările.

Există mai multe modalități de a-ți construi încrederea în sine, iar una dintre ele este să îți cunoști și să îți apreciezi propriile talente și calități.

Fă o listă cu lucrurile în care ești bun și recunoaște-ți meritele atunci când obții succes într-un anumit domeniu. Aprecierea propriilor realizări te va face să te simți mai încrezător în capacitatea ta de a depăși orice provocare.

De asemenea, este important să îți stabilești obiective clare și realiste și să te concentrezi asupra lor. Atunci când îți propui să atingi anumite țeluri și reușești să le atingi, vei observa cum crește și încrederea în tine. Fii disciplinat și determinat în eforturile tale și vei vedea cum vei începe să crezi mai mult în propriile posibilități.

Un alt aspect important în construirea încrederii în sine este să te accepți așa cum ești și să îți ierți greșelile și eșecurile. Nimeni nu este perfect și este normal să facem greșeli, însă este important să învățăm din ele și să mergem mai departe. O atitudine pozitivă față de propria persoană și încrederea în capacitatea ta de a-ți depăși slăbiciunile te va ajuta să fii mai încrezător în tine.

Nu uita să îți pui în valoare calitățile și talentele și să te concentrezi pe propria evoluție personală.

Construirea încrederii în sine este un proces continuu și necesită efort și determinare, însă efectele pozitive ale unei încrederi puternice în sine vor fi resimțite în toate aspectele vieții tale.

Încrederea în sine este esențială pentru a-ți atinge potențialul maxim și a reuși în viață. Fă tot posibilul să îți cunoști și să îți apreciezi calitățile, să îți stabilești obiective realiste și să lucrezi constant pentru a le atinge, să te accepți așa cum ești și să înveți din greșeli. Construirea încrederii în sine este un proces continuu, dar cu efort și determinare, vei reuși să devii mai încrezător în tine și să îți atingi obiectivele.

Respectul de sine este un aspect deosebit de important al dezvoltării personale și al relațiilor noastre cu ceilalți. Este esențial să avem o percepție pozitivă despre noi înșine pentru a putea să ne atingem potențialul maxim și pentru a ne bucura de o viață plină de satisfacții.

Construirea respectului de sine implică o serie de acțiuni și comportamente pe care le putem adopta în viața noastră de zi cu zi. Primul pas este să ne cunoaștem și să ne acceptăm pe noi înșine așa cum suntem, cu toate calitățile și defectele noastre.

Este important să ne acceptăm și să ne iubim așa cum suntem, fără să ne comparăm cu alții sau să cădem în capcana perfecționismului. Important în construirea respectului de sine este să ne acordăm timp pentru noi înșine și să ne îngrijim atât fizic, cât și mental. Este esențial să avem grijă de sănătatea noastră, să ne hrănim corect, să facem mișcare și să ne odihnim suficient pentru a ne menține în formă și energici.

Să ne fixăm obiective realiste și să lucrăm cu determinare pentru a le atinge. Atunci când ne stabilim obiective realizabile și le îndeplinim, ne crește stima de sine și încrederea în propriile noastre capacități. Este esențial să ne protejăm de influențele negative din jurul nostru și să ne asigurăm că avem în jurul nostru oameni care ne susțin și ne încurajează. Este important să ne ferim de persoanele toxice și să ne stabilim limite sănătoase în relațiile noastre pentru a ne proteja de impactul negativ asupra respectului de sine.

Construirea respectului de sine nu este un proces ușor și necesită timp și perseverență. Este important să fim conștienți de importanța respectului de sine în viața noastră și să lucrăm continuu pentru a ne dezvolta o imagine pozitivă și încrezătoare despre noi înșine. Aprecierea propriei persoane ne va ajuta să ne deschidem la noi oportunități și să experimentăm viața într-un mod mai plin și mai satisfăcător.Construirea respectului de sine este un proces continuu și necesar pentru o bună sănătate mentală și emoțională. Acest proces poate include recunoașterea valorii personale, a drepturilor individuale și a limitei personale.

 Iată câteva exemple de cum poți construi respectul de sine:

* Identificarea și recunoașterea calităților și talentele tale unice. Fie că ești bun la sport, muzică, artă sau alte domenii, recunoașterea și aprecierea acestor calități te pot ajuta să-ți crești încrederea în tine.

* Stabilirea și respectarea limitelor tale personale. Fie că este vorba de timp, spațiu sau energie, este important să-ți cunoști limitele și să le comunici celor din jur pentru a-ți proteja bunăstarea emoțională.

- Îngrijirea și respectarea corpului tău. Acest lucru poate include alimentație sănătoasă, exerciții fizice regulate, odihnă adecvată și gestionarea stresului pentru a-ți menține corpul și mintea în formă optimă.

- Stabilirea și atingerea obiectivelor personale. Crearea și urmărirea unor obiective personale te pot ajuta să-ți crești încrederea în tine și să-ți demonstrezi că poți depăși provocările și obstacolele.

- Practicarea auto-îngrijirii și auto-acceptării. Este important să-ți accepți și să-ți ierți greșelile și imperfecțiunile, fiind blând cu tine însuți și recunoscând că ești un om care învață și crește în permanență.

Prin practicarea acestor strategii și gândirea pozitivă despre tine însuți, poți construi un respect sănătos și durabil față de tine însuți, ceea ce te poate ajuta să-ți atingi obiectivele și să-ți îmbunătățești calitatea vieții.

O relație sănătoasă cu noi înșine este esențială pentru a avea o bună sănătate mentală și emoțională. Aceasta implică o acceptare a propriei persoane, cu toate calitățile și defectele ei, și o iubire de sine sinceră și necondiționată.Pentru a dezvolta o relație sănătoasă cu noi înșine, este important să ne cunoaștem pe deplin și să înțelegem cine suntem cu adevărat. Acest lucru implică să ne analizăm emoțiile, gândurile și comportamentele și să recunoaștem și acceptăm diferitele aspecte ale personalității noastre.

Important este să ne acordăm timp și atenție pentru a ne îngriji de noi înșine. Aceasta înseamnă să avem grijă de corpul nostru prin alimentație sănătoasă, exerciții fizice regulate și odihnă adecvată. De asemenea, trebuie să ne îngrijim de mintea noastră prin practici de relaxare, meditație sau terapie, în funcție de nevoile noastre.

Este esențial să ne acordăm iertare și să ne acceptăm pe noi înșine așa cum suntem. Nu suntem perfecți și este normal să facem greșeli sau să avem eșecuri. Important este să învățăm din ele și să mergem mai departe cu încredere și determinare.

De asemenea, este important să ne setăm obiective și să ne concentrăm pe dezvoltarea noastră personală și profesională. Acest lucru ne va ajuta să ne cunoaștem mai bine, să ne creștem încrederea în sine și să ne atingem potențialul maxim.

Dezvoltarea unei relații sănătoase cu noi înșine este o parte esențială a stării noastre generale de bine. Este important să ne acordăm timp și atenție, să ne iubim și să ne acceptăm pe noi înșine așa cum suntem, pentru a trăi o viață fericită și împlinită. Pentru a ne dezvolta o relație sănătoasă cu noi înșine, este important să avem în vedere mai mulți factori care să ne ajute să ne cunoaștem mai bine și să ne îngrijim mai bine de noi înșine.

Iată câteva sfaturi pentru a dezvolta o relație sănătoasă cu propriul sine:

-Auto-cunoaștere.
Un prim pas important în dezvoltarea unei relații sănătoase cu noi înșine este să ne cunoaștem pe deplin. Este important să fim conștienți de calitățile noastre, dar și de punctele noastre slabe, și să acceptăm că suntem ființe complexe și unice.

Auto-cunoașterea ne ajută să ne stabilim obiective și să ne păstrăm pe drumul dorit.

- Îngrijire personală.
Este important să ne îngrijim atât pe plan fizic, cât și pe plan mental și emoțional. Aceasta înseamnă să avem grijă de alimentația noastră, de somn, de activitatea fizică, dar și să ne acordăm timp pentru relaxare și odihnă. Îngrijirea personală ne ajută să ne simțim bine în propriul corp și minte.

- Auto-acceptare.
 Este esențial să ne acceptăm așa cum suntem, cu toate calitățile și defectele noastre. Este normal să avem momente de slăbiciune sau eșec, dar important este să ne iertăm și să mergem mai departe. Auto-acceptarea ne ajută să ne construim o încredere în sine și să ne simțim mai în pace cu noi înșine.

- Stabilirea limitelor.
 Este important să ne stabilim limite sănătoase în relația cu noi înșine și cu ceilalți.

Acest lucru înseamnă să nu ne supra-
solicităm, să ne acordăm timp pentru a ne
refugia și a ne relaxa, să spunem "nu" atunci
când este nevoie și să ne respectăm nevoile și
dorințele.

- Învățarea de la greșeli.
 Nu suntem perfecți și este normal să facem
greșeli. Este important să învățăm din ele și
să ne dezvoltăm în continuare. Nu este
sfârșitul lumii dacă greșim, ci este o
oportunitate de a învăța și de a crește
înțelepciune și înțelegere de sine.

- Cultivarea gândirii pozitive.
Înlocuirea gândurilor negative cu gânduri
pozitive este un pas important în dezvoltarea
unei relații sănătoase cu noi înșine. Este
important să ne încurajăm și să ne susținem
în momentele dificile și să ne concentrăm
asupra lucrurilor bune din viața noastră.

Dezvoltarea unei relații sănătoase cu noi
înșine este un proces continuu care necesită
auto-cunoaștere, îngrijire personală, auto-
acceptare, stabilirea limitelor, învățarea din
greșeli și cultivarea gândirii pozitive.

Respectul de sine este un aspect foarte important al sănătății noastre mentale și emoționale. A fi capabil să ne respectăm în mod constant ne ajută să ne simțim mai valoroși, mai încrezători și să avem o atitudine mai pozitivă față de viață. Însă, respectul de sine nu este ceva ce dobândim peste noapte, ci este un proces continuu care necesită efort și conștiență de sine.Pentru a ne învăța să ne respectăm în mod constant, este important să ne cunoaștem pe noi înșine și să ne acceptăm așa cum suntem, cu atuurile și vulnerabilitățile noastre. Este important să recunoaștem că suntem oameni și că nu suntem perfecti, dar că avem valoare și merităm să fim tratați cu respect și considerație.

Un alt aspect important în dezvoltarea respectului de sine este să stabilim limite clare și să nu le depășim pentru nimeni și nimic. Este important să ne asigurăm că ne protejăm timpul, energia și resursele pentru a ne păstra echilibrul și bunăstarea noastră mentală și emoțională.

La fel, este important să ne asumăm responsabilitatea pentru viețile noastre și să nu permitem altora să ne dicteze cum ar trebui să trăim sau să ne comportăm.

Este important să fim autonomi și să ne urmăm propriile viziuni și valori, chiar dacă acestea pot fi diferite de ale altora.

Iar practicarea autocompasiunii și compasiunii față de ceilalți este un alt aspect important în dezvoltarea respectului de sine. Este important să ne tratăm cu gentilețe și înțelegere atunci când facem greșeli sau când avem momente dificile. De asemenea, este important să fim empatici și să arătăm compasiune față de ceilalți, pentru a ne construi relații sănătoase și respectuoase. Este important să căutăm sprijin și să ne încurajăm reciproc în procesul de dezvoltare a respectului de sine. Să avem încredere că putem fi mai buni și să luăm măsuri concrete pentru a ne îmbunătăți stima de sine și relațiile noastre cu ceilalți. Cu timpul, practica constantă a respectului de sine ne va ajuta să ne simțim mai puternici, mai fericiți și mai împliniți în viața noastră.

Respectul de sine este extrem de important pentru a avea o viață fericită și împlinită. Atunci când ne respectăm pe noi înșine, ne tratăm cu dragoste și compasiune, ne stabilim limite sănătoase și ne acceptăm așa cum suntem.

Cu toate acestea, nu este întotdeauna ușor să ne respectăm în mod constant, deoarece suntem adesea critici față de noi înșine și ne auto-sabotăm.

Pentru a ne ajuta să ne învățăm să ne respectăm în mod constant, există câteva metode eficiente pe care le putem folosi:

- Practicarea recunoștinței.
- Un mod minunat de a ne centra și de a ne conecta cu propria noastră valoare este să ne concentrăm asupra a ceea ce ne este recunoscători în fiecare zi. Facând acest lucru, ajungem să ne apreciem mai mult pe noi înșine și să ne concentrăm pe aspectele pozitive ale vieții noastre.

- Stabilirea unor limite sănătoase.
- Este important să ne stabilim limite clare și să le respectăm în relațiile noastre cu ceilalți. Astfel, ne asigurăm că suntem tratați cu respect și că ne protejăm bunăstarea emoțională.

- Îngrijirea de sine.
- Acordarea atenției necesare nevoilor noastre fizice, mentale și emoționale este

esențială pentru a ne menține stima de sine ridicată.

De exemplu, un somn de calitate, o dietă sănătoasă și activități care ne fac plăcere sunt toate aspecte importante ale îngrijirii de sine.

- Practicarea auto-compasiunii.
- În loc să ne critici dur și să ne judecăm aspru, este important să ne tratăm cu blândețe și compasiune în momentele dificile. Practicând auto-compasiunea, ne învățăm să ne acceptăm defectele și să ne iertăm greșelile.

- Găsirea unui hobby sau pasiune.
- Angajarea în activități care ne fac fericiti și care ne îndeplinesc ne ajuta să ne simțim mai încrezători și să ne conectăm cu propria noastră valoare. De exemplu, pictura, dansul sau scrisul pot fi modalități excelente de a ne exprima și de a ne descoperi noi talente și abilități.

A ne respectăm în mod constant este un proces continuu care necesită practică și angajament. Utilizând aceste metode simple, putem îmbunătăți relația noastră cu noi înșine și să ne creăm o viață mai fericită și mai împlinită.

A aprecia în mod constant pe propria persoană este esențial pentru a-ți construi o stima de sine sănătoasă și pentru a avea o atitudine pozitivă față de viață în general.

Iată câteva metode practice pentru a ne învăța să ne apreciem în mod constant:

- Identifică-ți calitățile și realizările. Începe prin a-ți face o listă cu calitățile tale și cu realizările pe care le-ai avut de-a lungul vieții. Poți începe cu lucruri mici, precum faptul că ai reușit să termini o carte sau să închei un proiect la muncă, și să avansezi la lucruri mai mari, cum ar fi relațiile pe care le-ai construit sau obiectivele pe care le-ai atins.

- Fii conștient de propriile critici interioare. O parte importantă a învățării de a te aprecia este să fii conștient de critica internă pe care ți-o adresezi. Încearcă să identifici acele gânduri negative și să le transformi în afirmații pozitive despre tine însuți. De exemplu, în loc să te critici pentru greșelile pe care le-ai făcut, recunoaște-ți eforturile și faptul că ai învățat din ele.

- Practică auto-îngrijirea.

Aprecierea de sine este legată și de modul în care te îngrijești de tine însuți. Acordă-ți timp pentru a te odihni, a face activități care îți aduc bucurie și a-ți îngriji corpul și mintea. Fii blând cu tine însuți și acordă-ți spațiu să te relaxezi și să te refaci.

- Învață să-ți stabilești limite sănătoase.

Aprecierea de sine înseamnă și să-ți accepți nevoile și să stabilești limite sănătoase în relațiile tale cu ceilalți. Învață să îți spui „nu" atunci când simți că depășești limitele tale sau că îți afectezi propria bunăstare.

- Fă-ți timp pentru autocunoaștere și creștere personală.

Pentru a te aprecia în mod constant, este important să te cunoști pe tine însuți și să îți descoperi valorile, pasiunile și interesele. Fii deschis la explorarea diferitelor aspecte ale propriei persoane și fă-ți timp pentru a-ți dezvolta abilitățile și talentele.

Prin practicarea acestor metode și cultivarea unei atitudini pozitive față de tine însuți, vei reuși să-ți crești stima de sine și să te apreciezi în mod constant.

Apreierea de sine este un proces continuu, care necesită timp și efort, dar cu determinare și perseverență vei observa îmbunătățiri semnificative în modul în care te percep și în felul în care te raportezi la propria persoană.

STUDIU DE CAZ
Construirea încrederii în sine și a respectului de sine.

Un exemplu concret de construire a încrederii în sine și a respectului de sine poate fi următorul:

Ana, o tânără de 25 de ani, se simte mereu nesigură în propria persoană și nu are încredere în abilitățile sale. Ana decide să înceapă un proces de dezvoltare personală pentru a-și crește încrederea în sine și respectul de sine.

Pentru a face acest lucru, Ana își setează obiective realiste și realizabile. Ea își propune să își scrie în fiecare zi o listă cu lucrurile bune pe care le-a făcut și cu realizările sale. Astfel, ea își va aminti constant de succesele ei și își va construi treptat încrederea în sine.

De asemenea, Ana își propune să își stabilească limite și să spună „nu" atunci când simte că este necesar. Ea învață să își apere punctele de vedere și să își respecte opiniile și nevoile.

În timp, Ana observă o schimbare
semnificativă în modul în care se percepe pe
sine însăși. Ea își înțelege valoarea și începe
să își folosească abilitățile și talentele în mod
încrezător.

Prin aceste acțiuni constante și eforturile de a
se auto-descoperi și de a crește personal, Ana
reușește să își construiască increderea în sine
și respectul de sine. Ea devine mai fermă în
deciziile sale și începe să se trateze cu
dragoste și respect, învățând că este o
persoană valoroasă și capabilă.

CAPITOLUL 4

- Acceptarea sinelui și recunoașterea valorii proprii sunt două aspecte extrem de importante în viața fiecăruia, deoarece ele formează baza unei stime de sine sănătoase și a unei vieți împlinite.Atunci când ne acceptăm pe noi înșine așa cum suntem, cu toate calitățile și defectele noastre, ne eliberăm de presiunea de a fi perfect și de a ne compara cu alții. Acceptarea sinelui înseamnă să ne iubim și să ne respectăm pe noi înșine total și necondiționat, indiferent de greșelile pe care le facem sau de provocările pe care le întâmpinăm.

- Recunoașterea valorii proprii este legată de încrederea în sine și de conștientizarea faptului că suntem demni de iubire, respect și fericire. Aceasta implică să ne cunoaștem propriile calități și să ne recunoaștem meritele, fără să avem nevoie de aprobarea sau validarea altora.

Atunci când ne acceptăm și ne recunoaștem valoarea proprie, suntem mai capabili să facem alegeri sănătoase pentru noi înșine și să ne asumăm responsabilitatea pentru fericirea și bunăstarea noastră. Avem mai multă încredere în propria noastră putere și în capacitatea noastră de a face față oricăror provocări care ne apar în cale.

Acceptarea sinelui și recunoașterea valorii proprii sunt două elemente cheie în dezvoltarea personală și în atingerea unei stime de sine sănătoase. Într-o lume în care presiunea de a fi perfect este omniprezentă, este important să ne amintim că suntem unici și speciali așa cum suntem, și că merităm să ne iubim și să ne respectăm în fiecare zi.

Acceptarea sinelui este un proces complex și continuu de cunoaștere și înțelegere a propriei persoane, care implică recunoașterea și acceptarea tuturor aspectelor, atât pozitive, cât și negative, ale personalității noastre. Este un proces esențial în dezvoltarea personală și în atingerea unei stări de echilibru și înțelegere interioară. Acceptarea sinelui presupune în primul rând autocunoaștere și autoanaliză.

Este important să fim sinceri cu noi înșine și să recunoaștem atât calitățile noastre, cât și defectele noastre. De asemenea, este important să învățăm să ne iubim și să ne respectăm pe noi înșine așa cum suntem, fără a ne critica sau judeca constant.

În procesul de acceptare a sinelui, este esențial să lucrăm la creșterea încrederii în sine și la îmbunătățirea stimei de sine. Este important să ne acordăm valoarea și să fim conștienți de propriile noastre nevoi și dorințe. De asemenea, este important să învățăm să ne acceptăm limitele și să nu ne compătimim sau să ne autojudecăm excesiv. Acceptarea sinelui presupune, de asemenea, dezvoltarea compasiunii și înțelegerii față de sine. Este important să ne iertăm pentru greșelile pe care le-am făcut în trecut și să învățăm din ele, fără a ne purta vinovăția sau regretul constant în minte. Este important să fim blânzi și îngăduitori cu noi înșine și să ne oferim sprijin și încurajare în momentele dificile.

Acceptarea sinelui este un act de iubire și respect față de propria persoană. Este un proces care necesită timp, răbdare și dedicare, dar care poate aduce o mare satisfacție și împlinire interioară.

Prin acceptarea sinelui, putem ajunge să ne cunoaștem mai bine, să ne iubim mai mult și să trăim o viață autentică și plină de bucurie și sens.Acceptarea sinelui este un proces psihologic și emoțional care implică recunoașterea, înțelegerea și acceptarea de sine a unei persoane, cu toate calitățile, defectele, experiențele și emoțiile sale. Este un aspect important al dezvoltării personale și poate contribui la îmbunătățirea stimei de sine și a sănătății mentale.

 - Un exemplu de acceptare a sinelui ar putea fi o persoană care a avut o copilărie dificilă și care a luptat cu traume și insecurități, dar care își recunoaște și își acceptă trecutul și se străduiește să crească și să se vindece emotional.Acceptarea sinelui nu înseamnă că o persoană este mulțumită cu toate aspectele sale, ci înseamnă să recunoască realitatea și să încerce să își îmbunătățească viața în mod sănătos și constructiv. Este important să amintim că fiecare persoană este unică și valoroasă în propriul său fel și că nimeni nu este perfect.

 - Un alt exemplu ar putea fi o persoană care se luptă cu anxietate sau depresie și care își acceptă starea de sănătate mentală, căutând ajutor și tratament pentru a se vindeca și a-și îmbunătăți calitatea vieții.

Acceptarea sinelui este un aspect important al dezvoltării personale și al stimei de sine. A accepta sinelui înseamnă să îți recunoști valorile, emoțiile și trăsăturile unice, fără a te critica sau judeca constant. Este esențial să îți accepți sinelui în întregime pentru a putea progresa și a te dezvolta în mod sănătos.

- Un exemplu de acceptare a sinelui este atunci când îți recunoști punctele slabe și punctele forte fără a te sabota sau a te critica constant. De exemplu, dacă ești o persoană extrem de timidă și ai dificultăți în a socializa, este important să îți accepți această trăsătură și să încerci să o depășești treptat, fără a te blama sau a te auto-sabota.

- Un alt exemplu ar putea fi atunci când îți permiți să simți și să îți exprimi emoțiile în mod autentic și sănătos. Dacă te simți trist sau supărat, este important să îți accepți emoțiile și să încerci să le înțelegi în locul de a le reprima sau nega.

De asemenea, acceptarea sinelui înseamnă să îți accepți corpul așa cum este și să nu te compari constant cu alții. Fiecare persoană are un corp unic și este important să îți accepți propria frumusețe și sănătate, indiferent de standardele impuse de societate.

Acceptarea sinelui este un proces continuu și nu este întotdeauna ușor. Este important să îți accepți sinelui în întregime, cu toate trăsăturile și emoțiile tale, pentru a putea trăi o viață în armonie cu tine însuți și cu ceilalți. Poate fi un proces dificil și uneori dureros, dar poate fi deosebit de benefic pentru bunăstarea mentală și emoțională a unei persoane. Prin recunoașterea și acceptarea tuturor aspectelor de sine, o persoană poate începe să se simtă mai în pace cu ea însăși și să-și construiască o viață mai autentică și împlinitoare.

Recunoașterea valorii proprii este un aspect extrem de important al dezvoltării personale și a stimei de sine. Atunci când ne conștientizăm și apreciem propriile calități, talente și realizări, ne putem simți mai încrezători în noi înșine și mai capabili să facem față provocărilor vieții.

Este esențial să ne amintim că fiecare persoană are valoare și merită să fie apreciată pentru ceea ce este. Fie că este vorba despre abilități artistice, profesionale sau personale, recunoașterea valorii proprii ne poate ajuta să ne atingem potențialul maxim și să avem o perspectivă pozitivă asupra noastră înșine. Este important să ne acordăm timp să reflectăm asupra realizărilor noastre și să ne recunoaștem meritele, fără a ne compara cu alții sau a ne critica excesiv. Self-care-ul este, de asemenea, un aspect important al recunoașterii valorii proprii, fiind important să ne acordăm timp și resurse pentru a ne îngriji de sănătatea mentală și emoțională. Recunoașterea valorii proprii este un proces continuu și necesar pentru a ne simți împliniți și fericiți în viață. Prin dezvoltarea stimei de sine și a încrederii în propriile noastre capacități, putem trăi o viață mai împlinită și să ne atingem scopurile cu succes.

Recunoașterea valorii proprii este un aspect extrem de important în dezvoltarea personală și în construirea unei stime de sine sănătoase. Aceasta se referă la capacitatea noastră de a ne aprecia și de a ne respecta pe noi înșine, de a fi conștienți de calitățile noastre și de a ne accepta atât aspectele pozitive, cât și pe cele negative.

 - Un exemplu de recunoaștere a valorii proprii este atunci când o persoană își afirmă competențele și abilitățile în fața altora sau chiar în fața sa. De exemplu, un profesor care își recunoaște abilitatea de a transmite cunoștințe și de a inspira elevii să învețe este conștient de valoarea sa și de impactul pe care îl are asupra celor din jur.

De asemenea, recunoașterea valorii proprii se reflectă și în modul în care ne purtăm cu noi înșine. Atunci când avem o imagine pozitivă despre noi înșine, ne îngrijim de sănătatea noastră fizică și emoțională, ne stabilim obiective realiste și ne asumăm responsabilitatea pentru propriile decizii.

 - Un alt exemplu poate fi reprezentat de o persoană care își recunoaște limitele și își exprimă nevoile și dorințele cu asertivitate. Aceasta denotă un nivel înalt de conștientizare a valorii proprii și de respect față de sine.

Recunoașterea valorii proprii poate avea un impact pozitiv nu doar asupra noastră, ci și asupra celor din jur.

Atunci când ne iubim și ne respectăm pe noi înșine, suntem mai deschiși să oferim și să primim dragoste, să ne susținem reciproc în procesul de creștere și să construim relații sănătoase și autentice.

Este important să subliniem faptul că recunoașterea valorii proprii nu înseamnă aroganță sau egoism, ci pur și simplu înțelegerea și acceptarea propriei valori și a impactului pe care îl avem în lume. Este un proces continuu de autocunoaștere și de autocreștere, care poate aduce schimbări pozitive în viața noastră și în relațiile noastre cu ceilalți.

Acceptarea de sine este un proces continuu și important în viața fiecăruia dintre noi. De multe ori ne criticăm sau ne judecăm prea aspru pe noi înșine, iar acest lucru ne poate afecta în mod negativ starea de spirit, stima de sine și relațiile cu ceilalți.

Iată câteva sfaturi pentru a ne accepta pe noi înșine așa cum suntem:

1. Începe prin a-ți recunoaște și accepta defectele. Toți avem imperfecțiuni și este perfect normal să le recunoaștem. Acceptă-ți greșelile și învață din ele, în loc să te critici sau să te simți vinovat.

2. Fii conștient de gândurile tale negative și înlocuiește-le cu gânduri pozitive. Auto-critica excesivă și auto-judecata te vor doar răni și nu te vor ajuta să te simți mai bine în pielea ta. Fii gentil cu tine însuți și încurajează-te atunci când ești pe drumul cel bun.

3. Începe să îți accepți corpul așa cum este. Timpul petrecut criticându-te pentru aspectul tău fizic ar fi mult mai bine folosit pentru a te iubi și a-ți respecta corpul așa cum este. Începe să ai grijă de tine, să faci sport și să mănânci sănătos, nu pentru a atinge standarde nerealiste de frumusețe, ci pentru a-ți păstra sănătatea și starea de bine.

4. Implică-te în activități care te fac fericit și te ajută să-ți descoperi pasiunile. Când acționezi în conformitate cu valorile și interesele tale, te vei simți mai autentic și vei înțelege mai bine cine ești tu cu adevărat.

5. Învață să îți setezi limite sănătoase și să zici "nu" atunci când simți că îți depășești limitele.

Învățarea să zici "nu" este o parte importantă a respectului de sine și te ajută să-ți păstrezi energia și resursele pentru lucrurile care contează cu adevărat pentru tine.

Acceptarea de sine este un proces care necesită timp, răbdare și practică zilnică. Nu uita că ești unic și special așa cum ești și că meriți să te iubești și să te respecți în fiecare zi.Acceptarea de sine este un proces continuu și esențial pentru starea noastră de bine și pentru relațiile noastre cu ceilalți. Este important să ne cunoaștem și să ne acceptăm talentele, calitățile dar și punctele noastre slabe. Admiterea că suntem imperfecți și că avem nevoie de îmbunătățire ne face mai puternici și ne ajută să creștem personal și emoțional.

Acceptarea de sine implică și înțelegerea că suntem unici și că nu trebuie să ne comparăm cu alții. Fiecare persoană are propriul său drum și propriile lupte, iar a ne compara cu alții ne poate aduce sentimente de inadecvare și frustrare. Este important să ne concentrăm pe propriile obiective și să ne susținem unul pe altul în loc să fim critici cu noi înșine. Atunci când ne acceptăm pe noi înșine, suntem mai capabili să ne iubim și să

acceptăm și pe ceilalți așa cum sunt.
Acceptându-ne imperfecțiunile, suntem mai
înclinați să empatizăm cu ceilalți și să le
oferim sprijin și înțelegere în momentele
dificile.De asemenea, acceptarea de sine ne
ajută să fim mai încrezători și mai autentici,
pentru că suntem mai puțin preocupați de
ceea ce cred ceilalți despre noi. Ne putem
exprima cu sinceritate și ne putem arăta
adevărata persoană fără teama de judecată
sau respingere.

Un pas important în procesul de acceptare de
sine este autocunoașterea. Pentru a ne
accepta așa cum suntem, trebuie să ne
cunoaștem temerile, dorințele, obiceiurile și
reacțiile noastre la diverse situații. Această
autocunoaștere ne permite să identificăm
zonele în care putem să ne îmbunătățim sau
să lucrăm pentru a ne accepta mai bine.

Este important să ne amintim că suntem în
evoluție și că nimic nu este perfect. Cu
acceptarea noastră vine și o mai mare pace
interioară și fericire, care se reflectă în toate
aspectele vieții noastre.

Va propun 10 exerciții practice pentru a recunoaște și a celebra valorile noastre unice.

Recunoașterea și celebrarea valorilor noastre unice sunt aspecte importante în dezvoltarea noastră personală și în creșterea stimei de sine. Iată 10 exerciții practice pe care le putem încerca pentru a ne cunoaște mai bine și pentru a ne aprecia propriile valori:

1. Auto-reflecție.
 Petreceți timp să vă gândiți la ceea ce vă motivează cu adevărat și la ce credeți că este important pentru voi. Încercați să identificați valorile de bază care vă ghidează în luarea deciziilor și în acțiunile voastre.
Exemplu: Dacă vă place să petreceți timp alături de familie și prieteni, valorile voastre ar putea fi centrare în relații și conexiuni autentice.

2. Scrierea unei liste.
 Faceți o listă cu 5-10 valori care sunt importante pentru voi și care vă definesc cu adevărat. Puneți această listă într-un loc vizibil pentru a vă aminti constant de ele.
Exemplu: Responsabilitate, sinceritate, generozitate, loialitate, compasiune.

3. Observarea comportamentului.
 Urmați-vă acțiunile și deciziile de zi cu zi pentru a vedea dacă acestea sunt în concordanță cu valorile pe care le-ați definit anterior. Aduceți-vă aminte să luați decizii bazate pe aceste valori și să vă comportați în consecință.

4. Învățați din experiență.
 Încercați să identificați momentele din trecut când ați acționat în conformitate cu valorile voastre și cum aceste acțiuni v-au făcut să vă simțiți. De asemenea, analizați situațiile în care nu ați acționat în concordanță cu valorile voastre și ce lecții puteți învăța din ele.

5. Împărtășiți-vă valorile cu ceilalți.
 Discutați cu prietenii sau familia despre valorile voastre și ascultați despre valorile lor în schimb. Acest lucru vă poate ajuta să vă consolidați credințele și să le înțelegeți mai bine.

6. Participați la activități care vă reflectă valorile.
 Implicați-vă în proiecte sau organizații care susțin sau împărtășesc valorile voastre. Acest lucru vă poate ajuta să vă simțiți împlinit și să vă conectați cu alții care împărtășesc aceleași idei.

7. Făcând alegeri în concordanță cu valorile.
Atunci când luați decizii, asigurați-vă că
acestea sunt aliniate cu valorile voastre de
bază. Acest lucru vă va ajuta să vă simțiți
autentic și să vă mențineți direcția în viață.

8. Recunoașteți și sărbătoriți progresul.
 Din când în când, luați o pauză pentru a
reflecta asupra modului în care valorile
voastre v-au ghidat în propria voastră
creștere și dezvoltare. Aprecierea micilor
realizări pe care le-ați realizat în
conformitate cu aceste valori poate fi extrem
de motivantă.

9. Practicarea recunoștinței.
 Recunoașterea și aprecierea valorilor noastre
unice ne pot ajuta să ne simțim mai
recunoscători pentru cine suntem și pentru
ceea ce avem. Practica recunoștinței zilnic
poate fi o modalitate eficientă de a ne conecta
cu aceste valori și de a ne simți recunoscători
pentru ele.

10. Reevaluarea și ajustarea valorilor.
 La fel cum oamenii evoluează, și valorile
noastre pot suferi modificări în timp.

Este important să ne reevaluăm valorile periodic și să le ajustăm în funcție de experiențele și evoluția noastră personală.

Practicând aceste exerciții, putem începe să ne cunoaștem mai bine și să ne apreciem propriile valori unice. Acest lucru poate duce la o mai mare încredere în sine, stima de sine și, în cele din urmă, la o viață mai autentică și mai împlinitoare.

STUDIU DE CAZ
Acceptarea sinelui și recunoașterea valorii proprii.

Acceptarea sinelui și recunoașterea valorii proprii sunt două aspecte deosebit de importante în dezvoltarea personală și în menținerea unei stări de bine emoțională. Aceste aspecte pot fi abordate într-un studiu de caz pentru a ilustra importanța lor în viața unei persoane.

Să luăm exemplul Alice, o femeie în vârstă de 35 de ani, care a avut mereu o tendință de a se auto-critica și de a-și subestima propria valoare. Alice a crescut într-un mediu în care a fost mereu comparată cu ceilalți membri ai familiei și i s-a transmis că nu este suficient de bună. Aceste mesaje negative au avut un impact puternic asupra încrederii în sine a lui Alice și a modului în care se percepea pe sine. Pe parcursul vieții, Alice a avut dificultăți în relațiile interpersonale, în carieră și în îndeplinirea propriilor obiective. Ea se simțea mereu nesigură și neînsemnată, ceea ce ducea la un ciclu vicios de auto-sabotaj și auto-blamare. Cu toate acestea, Alice a ajuns la un moment de răscruce în viața ei în care a realizat că trebuie să-și accepte și să-și recunoască valoarea pentru a-și putea schimba sentimentele negative despre sine. Alice a început să-și exploreze propriile credințe și gânduri limitative și să lucreze cu un terapeut pentru a înțelege originile acestor sentimente de neîncredere și auto-critici. Ea a început să practice auto-îngrijire și auto-acceptare, învățând să-și recunoască propriile merite și să își acorde valoarea pe care o merita.Pe măsură ce a lucrat asupra acceptării sinelui și recunoașterii valorii proprii, Alice a început să observe schimbări pozitive în viața ei. Ea a devenit mai asertivă în relațiile sale, a obținut o promovare în carieră și a început să-și urmeze pasiunile și interesele personale. Alice a devenit mai fericită și mai împlinită, înțelegând că merită să trăiască o viață plină de succes și satisfacție.

Acceptarea sinelui și recunoașterea valorii proprii sunt esențiale pentru o bună sănătate mentală și emoțională. Prin conștientizarea propriilor gânduri și credințe limitative și prin practicarea auto-îngrijirii și auto-acceptării, fiecare persoană poate să-și îmbunătățească stima de sine și să își maximizeze potențialul.

Acceptarea sinelui și recunoașterea valorii proprii sunt procese esențiale pentru dezvoltarea personală și fericirea individului. Este important să ne acordăm timp să ne cunoaștem pe noi înșine, să ne acceptăm așa cum suntem și să ne apreciem propriile calități și realizări. Acest lucru ne va ajuta să ne simțim mai încrezători și mai mulțumiți în viața noastră și să avem relații mai sănătoase cu cei din jurul nostru.

CAPITOLUL 5

- Autorealizarea și împlinirea personală.
- Cum să ne urmărim scopurile și să ne îndeplinim visurile.
- Tehnici pentru a ne elibera potențialul și a trăi o viață autentică.

Autorealizarea și împlinirea personală reprezintă procesul de descoperire și realizare a potențialului interior al unei persoane, în vederea atingerii unei stări de echilibru și împlinire în viață. Este un proces continuu, care implică explorarea și dezvoltarea capacităților individuale, precum și conștientizarea și acceptarea propriilor valori, dorințe și viziuni de viitor.

Pentru a atinge autorealizarea și împlinirea personală, este important să fim sinceri cu noi înșine și să ne cunoaștem cu adevărat, să identificăm și să ne urmărim pasiunile și interesele, să avem o direcție clară în viață și să ne asumăm responsabilitatea pentru alegerile noastre. De asemenea, este esențial să ne dezvoltăm abilitățile și competențele necesare pentru a ne atinge obiectivele, să ne îmbunătățim relațiile interpersonale și să căutăm echilibrul între viața personală și cea profesională.

Autorealizarea și împlinirea personală reprezintă procesul de descoperire și realizare a potențialului interior al unei persoane, în vederea atingerii unei stări de echilibru și împlinire în viață. Este un proces continuu, care implică explorarea și dezvoltarea capacităților individuale, precum și conștientizarea și acceptarea propriilor valori, dorințe și viziuni de viitor.Pentru a atinge autorealizarea și împlinirea personală, este important să fim sinceri cu noi înșine și să ne cunoaștem cu adevărat, să identificăm și să ne urmărim pasiunile și interesele, să avem o direcție clară în viață și să ne asumăm responsabilitatea pentru alegerile noastre. De asemenea, este esențial să ne dezvoltăm abilitățile și competențele necesare pentru a ne atinge obiectivele, să ne îmbunătățim relațiile interpersonale și să căutăm echilibrul între viața personală și cea profesională.

Autorealizarea și împlinirea personală nu înseamnă neapărat succesul material sau recunoașterea socială, ci mai degrabă starea de fericire și satisfacție interioară pe care o simțim atunci când trăim în conformitate cu valorile noastre și ne atingem obiectivele personale.

Este un proces individual și subiectiv, care diferă de la persoană la persoană, și care poate fi influențat de experiențele traite, mediul în care trăim și relațiile pe care le avem.Pentru a ne ajuta în parcursul către autorealizare și împlinire personală, este recomandat să ne asumăm responsabilitatea pentru propriul progres, să ne stabilim obiective realiste și măsurabile, să ne îmbunătățim continuu abilitățile și cunoștințele și să fim deschiși la schimbare și la învățare. De asemenea, este important să avem un sistem de suport format din persoane care ne încurajează și ne susțin în eforturile noastre de dezvoltare personală.

Autorealizarea și împlinirea personală reprezintă un proces continuu de descoperire și dezvoltare a potențialului interior al unei persoane, care are ca rezultat obținerea unei stări de echilibru și satisfacție în viață. Este un proces individual și subiectiv, care necesită curaj, determinare și deschidere la schimbare, dar care aduce cu sine multiple beneficii pentru trăirea unei vieți autentice și împlinite.

Autorealizarea este procesul prin care o persoană ajunge să se cunoască pe sine, să-și atingă potențialul maxim și să-și realizeze visurile și obiectivele. Este un proces care implică explorarea și dezvoltarea personală, cunoașterea propriilor calități și defecte, precum și găsirea unei direcții sau unui scop în viață.Pentru a ajunge la autorealizare, este important să ne cunoaștem și să ne acceptăm pe noi înșine așa cum suntem, cu toate aspectele noastre pozitive și negative. Acest lucru ne poate ajuta să ne concentrăm pe calitățile noastre și să lucrăm la îmbunătățirea aspectelor negative.

Un alt aspect important al autorealizării este identificarea pasiunilor și intereselor noastre și urmărirea acestora. Atunci când facem ceea ce ne place și ne aduce bucurie, ne putem simți împliniți și fericiți.

De asemenea, autorealizarea implică și stabilirea unor obiective și planuri pentru viitor și depunerea efortului necesar pentru a le atinge. Este important să fim dedicați și să ne motivăm în permanență pentru a ne atinge obiectivele și pentru a ne îndeplini visurile.

Autorealizarea este un proces continuu și în evoluție, care ne poate aduce o stare de împlinire și satisfacție în viață. Este important să fim deschiși la schimbare și să fim dispuși să ne dezvoltăm în permanență pentru a deveni cea mai bună versiune a noastră.

Împlinirea personală este un stadiu în care te simți pe deplin satisfăcut și mulțumit cu viața ta. Acest lucru poate fi atins atunci când îți atingi obiectivele importante și îți găsești scopul în viață.Pentru a ajunge la împlinire personală, este important să îți cunoști și să îți accepti pe deplin punctele forte și slăbiciunile. Este esențial să te concentrezi pe dezvoltarea ta personală și să îți propui obiective realiste care te vor aduce mai aproape de visurile tale.

Atingerea succesului și realizarea lucrurilor importante pentru tine te pot ajuta să te simți împlinit. De asemenea, găsirea unui echilibru între viața personală și profesională este esențială pentru a te simți fericit și satisfăcut. Pentru unii, împlinirea personală poate veni și din practicarea hobby-urilor sau a activităților care îți aduc bucurie și pace interioară. Este important să îți aloci timp pentru tine și să faci lucrurile care te fac fericit.

Împlinirea personală este un proces continuu, care necesită autodescoperire, autodezvoltare și încercarea de a trăi viața ta într-un mod autentic și fericit. Este important să te concentrezi pe ceea ce îți aduce bucurie și să îți trăiești viața în conformitate cu valorile și visurile tale.Urmărirea scopurilor este un proces important în atingerea succesului în viață. Pentru a reuși să ne atingem obiectivele, trebuie să ne stabilim mai întâi ce ne dorim să realizăm și să ne orientăm acțiunile și eforturile în direcția potrivită.

- Stabilirea unor obiective clare și realizabile este primul pas în urmărirea scopurilor. Este important să ne stabilim scopuri realiste și relevante pentru noi, astfel încât să avem motivația necesară pentru a le atinge.

- Odată ce ne-am stabilit obiectivele, trebuie să ne creăm un plan de acțiune pentru a ne ghida în procesul de urmărire a acestora. Planificarea pas cu pas a sarcinilor necesare pentru a ajunge la scopul propus ne va ajuta să rămânem organizați și motivați.

- Monitorizarea progresului este esențială în urmărirea scopurilor.

Este important să ne evaluăm periodic eforturile și să vedem dacă suntem pe drumul potrivit sau dacă este nevoie să facem ajustări în planul nostru.

- Persistența și reziliența sunt calități importante în urmărirea scopurilor. Este posibil să întâmpinăm obstacole sau să avem parte de eșecuri, dar este important să nu renunțăm și să continuăm să ne străduim pentru atingerea obiectivelor noastre.

- Împărtășirea scopurilor noastre cu alții ne poate ajuta să ne menținem motivați și responsabili. Oferindu-ne suport reciproc și împărtășind succesele și eșecurile noastre, putem crea un mediu pozitiv și încurajator în calea noastră către succes.

- Flexibilitatea în adaptarea la schimbări și noutăți este importantă în urmărirea scopurilor. Este posibil ca planurile noastre să se schimbe pe parcursul drumului, iar capacitatea noastră de a ne adapta și de a face față provocărilor ne va ajuta să ne menținem pe drumul cel bun.

Urmărirea scopurilor poate fi un proces provocator și plin de provocări, dar prin hotărâre, planificare și perseverența putem reuși să ne atingem obiectivele și să ne îndeplinim visurile. Important este să rămânem concentrați și să nu ne pierdem din vedere direcția în care ne îndreptăm.

Pentru a ne îndeplini visurile, primul pas este să ne stabilim obiective clare și realizabile. Trebuie să avem o viziune clară asupra a ceea ce ne dorim să realizăm și să facem un plan strategic pentru a ajunge acolo.Următorul lucru important este să fim determinați și dedicați în realizarea acestor obiective.

Trebuie să fim dispuși să muncim din greu și să ne sacrificăm pentru a putea ajunge acolo unde ne dorim.

Este la fel de important să fim flexibili și să adaptăm planurile noastre în funcție de schimbările neașteptate care pot apărea pe parcursul drumului spre îndeplinirea visurilor noastre.

Un alt aspect crucial este să avem încredere în noi înșine și în abilitățile noastre. Este important să nu ne lăsăm descurajați de eșecuri sau obstacole și să avem încredere că putem depăși orice provocare care apare în calea noastră.

În plus, este important să fim deschiși la învățare și să căutăm mereu modalități de a ne dezvolta abilitățile și cunoștințele noastre pentru a ne apropia de realizarea visurilor noastre.Pentru a ne îndeplini visurile, avem nevoie de, determinare, flexibilitate, încredere în noi înșine și deschidere către învățare. Cu aceste calități și o muncă dedicată, suntem pe drumul cel bun spre realizarea visurilor noastre.

Exista mulți factori care pot contribui la îndeplinirea visurilor noastre. Este important să avem un scop clar în minte și să fim determinați și dedicați să îl atingem.

Iată câteva modalități prin care ne putem îndeplini visurile:

 - Stabilirea unor obiective clare și realizabile. Începeți prin a vă stabili obiective specifice și realizabile. Gândiți-vă la ce vă doriți să realizați și creați un plan de acțiune pentru a ajunge acolo. De exemplu, dacă visul dumneavoastră este să călătoriți în jurul lumii, puteți începe prin a economisi bani și a planifica destinațiile pe care doriți să le vizitați.

- Lucrați din greu și fiți dedicați.
Pentru a vă îndeplini visurile, va trebui să lucrați din greu și să fiți dedicați. Fiecare pas mic pe care îl faceți către visul dumneavoastră vă aduce mai aproape de atingerea acestuia. Fiți perseverenți și nu renunțați în fața obstacolelor întâlnite.

- Educație și dezvoltare personală.
Investiți în educație și dezvoltare personală pentru a vă îmbunătăți abilitățile și cunoștințele necesare pentru a vă atinge visurile. Cautați mentorat și sfaturi de la cei care au avut succes în domeniul în care vă doriți să vă realizați visul.

- Credeți în dumneavoastră.
Este extrem de important să aveți încredere în dumneavoastră și în capacitățile dumneavoastră de a vă îndeplini visurile. Dezvoltați o mentalitate pozitivă și credeți că puteți reuși. îmbrățișați eșecurile ca pe oportunități de învățare și continuați să faceți progrese către visul dumneavoastră.

5. Persistență și rezistență la eșec.
Îndeplinirea visurilor poate fi un proces dificil și plin de provocări.

Este important să fiți persistenți și să vă reveniți rapid după eșecuri. Nu vă descurajați și continuați să lucrați pentru a vă îndeplini visul.Prin urmare, îndeplinirea visurilor noastre necesită efort, determinare și perseverență. Cu planificare, disciplină și încredere în sine, putem obține ceea ce ne propunem și ne putem împlini visurile.

Este important să nu ne lăsăm descurajați de obstacolele întâmpinate și să continuăm să avansăm către visul nostru cu încredere și determinare.

Va propun 10 exerciții practice pentru a ne elibera potențialul și a trăi o viață autentică.

1. Practică meditația.
Meditația este o modalitate eficientă de a ne conecta cu noi înșine și de a ne elibera de gândurile negative sau stresante. Odată ce reușim să ne calmăm mintea și să ne concentrăm asupra prezentului, putem descoperi adevărata noastră natură și potențial.

2. Stabilește obiective clar definite.
Pentru a ne atinge potențialul maxim, este important să ne stabilim obiective clare și realiste. Fie că este vorba despre obiective personale sau profesionale, formularea acestora ne poate ajuta să ne concentrăm energiile în direcția corectă și să ne concentrăm asupra a ceea ce este cu adevărat important pentru noi.

3. Îți ascultă intuiția.
Foarte des, intuiția noastră ne poate ghida spre alegerile corecte sau către direcția potrivită în viață. Este important să ne ascultăm intuiția și să avem încredere în instinctele noastre, deoarece acestea pot fi o sursă valoroasă de înțelepciune și ghidare în deciziile noastre.

4. Încurajează-te pe tine însuți.
 Auto-motivarea și autoîncurajarea sunt aspecte esențiale pentru a ne atinge potențialul maxim. Este important să ne propunem să ne depășim limitele și să avem încredere în propria noastră capacitate de a reuși în orice ne propunem să facem.

5. Ieși din zona de confort.
 Pentru a evolua și a ne dezvolta, este important să ieșim din zona noastră de confort și să ne provocăm să facem lucruri noi și diferite. Abordarea noilor experiențe și provocări ne poate ajuta să ne descoperim noi abilități și potențial neexploatat.

6. Practică recunoștința.
Recunoștința poate fi o modalitate simplă, dar eficientă de a ne conecta cu noi înșine și de a ne aprecia mai mult viața. Practicând recunoștința zilnică, putem să ne concentrăm asupra lucrurilor pozitive din viața noastră și să ne eliberăm de negativitate sau ingratitudine.

7. Fii autentic
ă fi autentic înseamnă să fii tu însuți în totalitate, fără a te ascunde sau a te conforma la standardele sau așteptările altora.

Atunci când suntem autentici, putem să ne exprimăm liber și să ne descoperim adevărata noastră esență și potențial.

8. Învață din eșecuri.
Eșecurile sunt o parte inevitabilă a vieții, dar ele pot fi și o oportunitate de a ne învăța lecția și de a ne dezvolta mai mult. Este important să ne asumăm eșecurile și să ne concentrăm asupra modului în care putem crește și evolua din ele, în loc de a ne descuraja sau a ne simți înfrânți.

9. Fiți deschiși la schimbare.
Viața este o serie de schimbări și transformări, iar a fi deschiși și flexibili în fața acestor schimbări poate fi esențial pentru a ne elibera potențialul și a trăi o viață autentică. Acceptând schimbările cu o minte deschisă și un spirit curios, putem să ne adaptăm mai ușor și să ne dezvoltăm în mod continuu.

10. Conectează-te cu natura.
Conectarea cu natura poate fi o modalitate eficientă de a ne elibera de stresul și agitația vieții cotidiene și de a ne reconecta cu esența noastră interioară.

Petrecând timp în natură, putem să ne relaxăm, să ne regăsim echilibrul și să ne reconectăm cu noi înșine și cu potențialul nostru autentic.

CAPITOLUL 6

- Comunicarea sănătoasă în relațiile interpersonale.
- Importanța unei comunicări deschise și sincere în relațiile noastre.
- Modalități de a stabili limite sănătoase și de a ne exprima nevoile și dorințele într-un mod eficient.

Comunicarea sănătoasă în relațiile interpersonale este crucială pentru menținerea unei legături solide și armonioase cu cei din jurul nostru. Este important să fim sinceri, deschiși și empatici în comunicarea noastră, pentru a ne asigura că mesajele noastre sunt înțelese corect și că relațiile noastre sunt îmbunătățite.Un aspect important al comunicării sănătoase în relațiile interpersonale este ascultarea activă. Acest lucru înseamnă să fim atenți la ceea ce spune celălalt și să ne concentrăm pe mesajul lor, fără să ne gândim la cum să răspundem sau să ne apărăm. Ascultarea activă implică și validarea sentimentelor celuilalt, arătând empatie și înțelegere față de ceea ce simt.
În plus, este important să fim onesti și să ne exprimăm părerile și sentimentele într-un mod respectuos.

Nu trebuie să ne ascundem adevărul sau să fim agresivi în comunicarea noastră. Este important să ne exprimăm în mod clar şi non-defensiv, pentru a evita conflictele şi a facilita o comunicare eficientă.Un alt aspect al unei comunicări sănătoase în relaţiile interpersonale este asumarea responsabilităţii pentru propriile acţiuni și cuvinte. Atunci când greșim sau când avem un conflict, este important să fim capabili să recunoaștem acest lucru și să ne cerem scuze sau să încercăm să remediem situația. Asumându-ne responsabilitatea pentru propriile noastre acțiuni, putem construi relaţii mai solide şi mai de încredere cu cei din jurul nostru.

Comunicarea sănătoasă în relaţiile interpersonale este esenţială pentru menţinerea unei atmosfere pașnice și armonioase în relaţiile noastre. Prin practicarea ascultării active, sincerităţii și asumării responsabilităţii pentru propriile noastre acţiuni, putem îmbunătăţi calitatea relaţiilor noastre și a vieţii noastre în general.

Comunicarea sănătoasă în relațiile interpersonale reprezintă un aspect crucial pentru menținerea unei legături puternice și armonioase cu cei din jurul nostru. Ea implică exprimarea corectă a sentimentelor, opinilor și nevoilor noastre, precum și ascultarea atentă și înțelegerea celorlalți.

Iată câteva aspecte importante ale comunicării sănătoase în relațiile interpersonale:

- Ascultarea activă.
Este esențial să fim atenți la ceea ce ne comunică ceilalți și să demonstrăm interes și atenție față de ceea ce ei au de spus.

- Exprimarea sinceră a sentimentelor.
Este important să ne exprimăm deschis și sincer emoțiile noastre, fără a le reprima sau a le nega. Comunicarea deschisă și sinceră ajută la crearea unei atmosfere de încredere și sinceritate în relație.

- Respectul reciproc.
Este esențial să ne respectăm unii pe ceilalți și să fim conștienți de limitele și nevoile celuilalt.

Comunicarea în baza respectului reciproc contribuie la menținerea unei atmosfere de armonie și înțelegere în relație.

- Evitarea criticilor și judecăților.

Este important să evităm atitudinile critice și judecățile în comunicare, deoarece acestea pot afecta negativ relația și pot crea tensiuni.

Exemple de comunicare sănătoasă în relații interpersonale:

- În loc să spui: "Nu mă asculți niciodată!", poți spune: "Am impresia că uneori nu simți că sunt ascultat/ă. Crezi că putem găsi o modalitate mai bună de a comunica?"

- În loc să critici: "Ești atât de neglijent!", poți încerca: "Simt că ar fi de ajutor să stabilim o rutină mai organizată pentru a ne împărți sarcinile casnice."

- În loc să eviți să vorbești despre un subiect incomod, poți spune: "Există ceva care te deranjează în legătura noastră pe care vrei să îl discutăm?"

Comunicarea sănătoasă în relațiile interpersonale necesită practică și dedicare, dar este un element esențial pentru menținerea unei legături puternice și împlinite cu cei din jurul nostru. Prin cultivarea unei comunicări deschise, sincere și respectuoase, putem construi relații solide și sănătoase cu cei din jurul nostru. Comunicarea deschisă și sinceră reprezintă o componentă esențială în orice relație, fie ea romantică, familială, de prietenie sau profesională. Ea implică capacitatea de a exprima gândurile, emoțiile, nevoile și dorințele fără reticențe sau rețineri, dar și de a asculta și de a înțelege perspectivele și sentimentele celuilalt.

O comunicare deschisă și sinceră aduce cu sine numeroase beneficii. În primul rând, ea contribuie la creșterea încrederii și apropierea între două sau mai multe persoane. Atunci când comunicăm sincer și ne deschidem în fața celorlalți, creăm un mediu de înțelegere și acceptare reciproce, care consolidează legăturile afective și relațiile interpersonale.De asemenea, o comunicare deschisă și sinceră favorizează rezolvarea conflictelor și evită acumularea de tensiuni sau frustrări.

Atunci când suntem capabili să spunem ceea ce simțim și să ascultăm cu atenție părerea celuilalt, avem mai multe șanse să găsim soluții la diferendele apărute și să depășim eventualele neînțelegeri.

Comunicarea deschisă și sinceră ne ajută să ne cunoaștem mai bine pe noi înșine și pe ceilalți. Prin exprimarea liberă a gândurilor și sentimentelor, avem ocazia să ne descoperim propriile nevoi și dorințe, dar și să înțelegem mai bine motivațiile și reacțiile celor din jurul nostru.Comunicarea deschisă și sinceră reprezintă o abilitate care trebuie cultivată în relațiile noastre, deoarece ea contribuie la o mai bună înțelegere, la diminuarea conflictelor și la consolidarea legăturilor interpersonale. Prin sinceritate și deschidere, putem construi relații autentice și sănătoase, bazate pe respect reciproc și încredere. Comunicarea sinceră este un element esențial în orice relație sănătoasă, fie că vorbim de relații de cuplu, de familie sau de prietenie. Este important să fim deschiși și sinceri în comunicarea noastră cu cei din jurul nostru pentru a ne asigura că construim relații solide și bazate pe încredere reciprocă.

Prin comunicarea sinceră, ne arătăm vulnerabilitatea și autenticitatea noastră, ceea ce ne ajută să ne conectăm cu cei din jurul nostru într-un mod mai profund. Atunci când suntem sinceri în relațiile noastre, creăm un climat de înțelegere și acceptare, care ne permite să ne exprimăm liber emoțiile, gândurile și nevoile noastre.În plus, comunicarea sinceră ne ajută să evităm neînțelegerile și conflictele care pot apărea atunci când nu suntem deschiși și transparenți în relațiile noastre. Prin exprimarea sinceră a sentimentelor și opinilor noastre, putem rezolva divergențele și problemele într-un mod constructiv și empatic.

De asemenea, comunicarea sinceră ne ajută să construim încredere în relațiile noastre, deoarece cei din jurul nostru vor aprecia și respecta faptul că suntem sinceri și autentici cu ei. Încrederea este un element cheie în orice relație sănătoasă, iar comunicarea sinceră este unul dintre pilonii pe care se poate construi această încredere. Comunicarea sinceră este un aspect fundamental în orice relație, care ne ajută să ne conectăm cu cei din jurul nostru într-un mod autentic și să construim relații solide și bazate pe încredere reciprocă. Este important să fim deschiși și sinceri în comunicarea noastră, pentru a ne asigura că relațiile noastre sunt sănătoase, armonioase și bazate pe respect și înțelegere.Comunicarea sinceră este esențială pentru dezvoltarea și menținerea relațiilor sănătoase, atât în plan personal, cât și profesional. Aceasta implică exprimarea deschisă a gândurilor, sentimentelor și nevoilor noastre, fără a ascunde sau distorsiona informațiile.

Un aspect important al comunicării sincere este construirea unei baze solide de încredere între participanți. Atunci când suntem sinceri în relațiile noastre, ceilalți își pot da seama că putem fi înțeleși și că suntem deschiși la dialog. Acest lucru creează un climat de încredere și de respect reciproc.Comunicarea sinceră ne ajută, de asemenea, să ne construim relații autentice și să ne definim identitatea în cadrul acestora. Atunci când suntem sinceri în discuțiile noastre, putem fi siguri că ne exprimăm cu adevărat opinia și că ne asumăm responsabilitatea pentru cuvintele noastre.

Lipsa comunicării sincere poate duce la neînțelegeri, conflicte și resentimente în relații.

Atunci când ascundem adevărul sau încercăm să manipulăm informațiile, putem deteriora încrederea celor din jur și să riscăm să pierdem acele relații.

Comunicarea sinceră este esențială pentru construirea relațiilor sănătoase și armonioase. Prin exprimarea deschisă a gândurilor și sentimentelor noastre, putem construi o bază solidă de încredere și respect reciproc. Este important să ne străduim să fim sinceri în relațiile noastre, deoarece acest lucru ne ajută să ne cunoaștem mai bine pe noi înșine și pe cei din jurul nostru.

Va propun 10 exerciții practice pentru a stabili limite sănătoase și de a ne exprima nevoile și dorințele într-un mod eficient.

1. Identificarea nevoilor și dorințelor personale.
 - pentru a stabili limite sănătoase, este important să știm ce nevoi avem și ce dorințe ne dorim să îndeplinim. Este esențial să ne cunoaștem suficient de bine pentru a putea exprima aceste nevoi sau dorințe celorlalți în mod clar și eficient.
Exemplu: O persoană își dă seama că are nevoie de timp pentru sine și de spațiu personal pentru a se recupera și a se simți echilibrată. Ea își exprimă această nevoie celor din jur și stabilește limite clare pentru timpul petrecut singură.

2. Comunicarea sinceră și deschisă.
 - pentru a stabili limite sănătoase, este important să comunicăm direct și sincer ceea ce simțim și ce ne dorim. Acest lucru implică exprimarea convingerilor și opinii proprii fără a ne teme de consecințe sau judecăți.
Exemplu: O persoană își comunică deschis colegilor de muncă faptul că nu este

confortabilă cu sarcinile suplimentare pe care i le-au fost atribuite și stabilește limite clare în ceea ce privește munca suplimentară.

3. Respectarea propriilor limite.
 - pentru a stabili limite sănătoase, este important să ne respectăm propriile limite și să ne asigurăm că ceilalți le respectă, de asemenea. Acest lucru implică să spunem „nu" atunci când ne simțim depășiți sau copleșiți și să ne apărăm dreptul de a avea limite personale.
Exemplu: O persoană își dă seama că nu poate accepta o invitație la o petrecere pentru că se simte obosită și epuizată. Ea își respectă propriile limite și spune ferm „nu" invitației, chiar dacă ar putea dezamăgi pe cineva.

4. Cunoașterea și apărarea drepturilor personale.
 - pentru a stabili limite sănătoase, este important să cunoaștem și să ne apărăm drepturile personale, precum dreptul la intimitate, dreptul la autonomie și dreptul la a fi tratat cu respect. Acest lucru implică să fim conștienți de limitele noastre și să nu permitem altora să le încalce.

Exemplu: O persoană își afirmă dreptul la intimitate și refuză invitația unui prieten de a-i împrumuta telefonul mobil pentru a răspunde la mesaje. Ea își explică ferm prietenului că este important pentru ea să-și păstreze intimitatea și refuză respectuos cererea acestuia.

5. Practicarea auto-îngrijirii și a autocunoașterii.
 - pentru a stabili limite sănătoase, este important să ne acordăm timpul necesar pentru a ne cunoaște mai bine și a ne îngriji de noi înșine. Acest lucru implică să ne acordăm atenție nevoilor noastre emoționale, mentale și fizice și să ne gestionăm eficient stresul și presiunea din viața de zi cu zi.

Exemplu: O persoană practică meditația și yoga pentru a-și gestiona stresul și pentru a avea grijă de sine. Ea își stabilește limite clare în ceea ce privește timpul acordat pentru aceste activități și se asigură că le prioritizează în rutina zilnică.

6. Negocierea și compromisul în relații.

 – pentru a stabili limite sănătoase în relațiile cu ceilalți, este important să fim deschiși la negociere și compromis și să găsim soluții care să satisfacă nevoile și dorințele ambelor părți. Acest lucru implică să fim flexibili și să avem capacitatea de a găsi un echilibru între propriile limite și nevoile celorlalți.
Exemplu: Un cuplu negociază modul în care își petrec timpul liber împreună, luând în considerare nevoile și dorințele fiecăruia. Ei stabilesc limite clare în ceea ce privește timpul petrecut împreună și separat și găsesc soluții care să le permită să se bucure de relația lor în mod sănătos și echilibrat.

7. Învățarea să spunem „nu" fără a ne simți vinovați .
– pentru a stabili limite sănătoase, este important să ne asumăm responsabilitatea pentru propria fericire și bineînțelegere și să ne permitem să spunem „nu" atunci când ne simțim depășiți sau copleșiți. Acest lucru implică să fim deciși și hotărâți în respingerea cererilor sau solicitărilor care nu ne servesc interesele sau nevoile.
Exemplu: O persoană refuză invitația unui prieten de a-i împrumuta mașina pentru a o folosi în scop personal.

Ea afirmă ferm că nu este confortabilă cu această solicitare și că nu poate să își împrumute mașina în situația respectivă, fără a se simți vinovată sau îndatoritoare.

8.Acceptarea și gestionarea emoțiilor negative - pentru a stabili limite sănătoase, este important să ne confruntăm cu emoțiile noastre negative și să le gestionăm în mod constructiv, fără a le reprimată sau ignora. Acest lucru ne ajută să ne stabilim limite clare în ceea ce privește modul în care ne lăsăm afectați de ceilalți și cum ne protejăm bunăstarea emoțională.
Exemplu: O persoană recunoaște că se simte frustrată și supărată de remarci critice sau judecăți din partea colegilor de muncă și își exprimă deschis aceste emoții fără a le reprima sau a le nega. Ea își stabilește limite clare în ceea ce privește acceptarea tonului negativ și a comentariilor degradante și își protejează starea emoțională.

9. Cautarea sprijinului și împărtășirea experiențelor - pentru a stabili limite sănătoase, este important să căutăm sprijin din partea celorlalți și să împărtășim cu încredere experiențele și emoțiile noastre.

Acest lucru ne ajută să ne validăm nevoile și dorințele și să obținem perspectiva și susținerea necesară pentru a ne consolida limitele personale.

Exemplu: O persoană căuta confort și încurajare din partea unui prieten sau terapeut în ceea ce privește gestionarea relațiilor tensionate cu membrii familiei. Ea împărtășește deschis experiențele și emoțiile sale și primește sprijinul și îndrumarea necesară pentru a stabili limite sănătoase în relațiile sale interpersonale.

10. Reflexia și ajustarea limitelor personale.
 - pentru a stabili limite sănătoase în mod constant, este important să ne monitorizăm și să ne ajustăm limitele în funcție de schimbările de mediu și de nevoile noastre în evoluție. Acest lucru implică să fim deschiși la auto-reflecție și să ne adaptăm limitele în funcție de experiențele și învățăturile pe care le acumulăm în timp.

Exemplu: O persoană își reevaluează limitele personale în ceea ce privește relațiile toxice și decide să își pună în practică o distanțare sănătoasă de persoanele care îi afectează negativ bunăstarea emoțională. Ea ajustează limitele sale în conformitate cu nevoile sale în evoluție.

CAPITOLUL 7

- Înțelegerea și gestionarea emoțiilor în relațiile interpersonale.
- Cum să ne cunoaștem și să ne controlăm emoțiile în interacțiunile noastre cu ceilalți.
- Tehnici pentru a ne menține echilibrul emoțional și a gestiona conflictele în mod constructiv.

Înțelegerea și gestionarea emoțiilor în relațiile interpersonale sunt aspecte importante pentru a menține legăturile sănătoase și armonioase cu cei din jurul nostru. Emoțiile noastre pot influența felul în care comunicăm și interacționăm cu ceilalți, de aceea este esențial să fim conștienți de ele și să le gestionăm într-un mod adecvat.De multe ori, ne putem lăsa purtați de valul emoțiilor negativ, cum ar fi furia, frustrarea sau tristețea, iar acest lucru poate crea tensiuni în relații. Este important să învățăm să recunoaștem aceste emoții și să le controlăm pentru a evita conflictele și escaladarea situațiilor neplăcute.
Pe de altă parte, este important să ne exprimăm și emoțiile pozitive, cum ar fi

iubirea, recunoștința sau bucuria, în relațiile interpersonale. Aceste emoții contribuie la întărirea legăturilor dintre oameni și la crearea unui mediu plin de energie pozitivă. Un alt aspect important în gestionarea emoțiilor în relațiile interpersonale este empatia. Capacitatea de a simți și de a înțelege emoțiile celorlalți ne ajută să ne îmbunătățim comunicarea și relațiile noastre. Prin empatie putem să ne punem în locul celuilalt și să ne adaptăm mai ușor la nevoile și dorințele sale.

Înțelegerea și gestionarea emoțiilor în relațiile interpersonale sunt fundamentale pentru a construi legături sănătoase și armonioase cu cei din jurul nostru. Prin recunoașterea și controlul emoțiilor noastre, prin exprimarea emoțiilor pozitive și prin practicarea empatiei putem să ne îmbunătățim relațiile și să ne simțim mai împliniți în interacțiunile cu ceilalți.

Emoțiile joacă un rol extrem de important în relațiile interpersonale, deoarece influențează modul în care comunicăm și interacționăm cu cei din jurul nostru. Înțelegerea și gestionarea acestora sunt cheia pentru a avea relații sănătoase și armonioase.

Primul pas în înțelegerea emoțiilor în relații este identificarea lor și recunoașterea impactului pe care îl au asupra noastră. Este esențial să fim conștienți de emoțiile noastre și să le recunoaștem atunci când ele apar, pentru a putea să le gestionăm corespunzător. De exemplu, recunoașterea unei emoții de furie ne poate ajuta să evităm reacții impulsive sau agresive într-o situație tensionată.

Un alt aspect important în gestionarea emoțiilor în relații este comunicarea deschisă și sinceră. Este crucial să ne exprimăm sentimentele și gândurile într-un mod adecvat, astfel încât ceilalți să înțeleagă cum ne simțim și să poată să ofere suport sau să răspundă în mod corespunzător. Comunicarea eficientă poate preveni conflictele și poate consolida legăturile în relațiile interpersonale.Atunci când ne pese de stările emoționale ale celorlalți și suntem capabili să empatizăm cu ei, putem construi relații mai profunde și mai autentice. Ascultarea activă și susținerea reciprocă sunt componente esențiale în crearea unei conexiuni emoționale puternice în relațiile interpersonale.

Gestionarea emoțiilor în relațiile interpersonale este un proces continuu care necesită timp, efort și conștientizare. Prin recunoașterea și înțelegerea propriilor emoții, comunicarea deschisă și empatică și cultivarea relațiilor bazate pe încredere și respect, putem construi legături sănătoase și armonioase cu cei din jurul nostru. Este important să ne învățăm să gestionăm emoțiile noastre în mod sănătos, pentru a avea relații fericite și împlinite.

Înțelegerea emoțiilor în relațiile interpersonale este esențială pentru a construi și menține relații sănătoase și armonioase. Emoțiile sunt parte integrantă a experienței umane și au un impact semnificativ asupra comportamentului și comunicării între oameni.

Important în înțelegerea emoțiilor în relațiile interpersonale este capacitatea de a recunoaște și de a gestiona propriile emoții. Auto-reglarea emoțională este esențială pentru a evita conflictele și pentru a menține o comunicare eficientă în relații. Înțelegerea propriilor emoții și a motivelor acestora poate ajuta la dezvoltarea unei comunicări mai empateice și la gestionarea mai eficientă a situațiilor tensionate.

O altă parte importantă a înțelegerii emoțiilor în relații interpersonale este capacitatea de a recunoaște și de a răspunde adecvat la emoțiile celorlalți. Empatia și capacitatea de a fi receptiv la emoțiile celor din jur pot crea un climat de înțelegere și de apropiere în relațiile interpersonale. Ascultarea activă și exprimarea sinceră a interesului pentru starea emoțională a celorlalți pot spori nivelul de încredere și de conexiune în relațiile interpersonale.

Înțelegerea emoțiilor poate ajuta la gestionarea conflictelor în relații. Abordarea conflictelor cu o atitudine deschisă și empatică poate contribui la găsirea soluțiilor constructive și la evitarea escaladării situațiilor tensionate. Înțelegerea emoțiilor poate oferi o perspectivă mai profundă asupra motivelor și a nevoilor care stau la baza comportamentului conflictual și poate facilita găsirea unei rezolvări înțelepte și empateice.

Înțelegerea emoțiilor în relațiile interpersonale este crucială pentru construirea și menținerea unor relații sănătoase și armonioase.

Capacitatea de a recunoaște și de a gestiona propriile emoții, de a fi receptiv la emoțiile celorlalți și de a gestiona conflictelor pe baza unei înțelegeri profunde a emoțiilor poate contribui la creșterea calității relațiilor și la îmbunătățirea comunicării și a conexiunii între oameni.Înțelegerea emoțiilor în relațiile interpersonale joacă un rol esențial în stabilirea și menținerea unei legături sănătoase cu cei din jurul nostru. Este important să fim conștienți de propriile noastre emoții, precum și de emoțiile celorlalți, pentru a completa un dialog autentic și pentru a construi relații bazate pe încredere și empatie.

Să facem un exemplu: imagină-ți că suntem într-o discuție cu un prieten și observăm că acesta devine brusc iritat și tensionat. În loc să ignorăm aceste semnale non-verbale, putem întreba pe prietenul nostru ce l-a deranjat și cum ne putem ajuta. Prin această încercare de a înțelege și de a empatiza cu emoțiile sale, vom fi capabili să construim o relație mai profundă și mai autentică.

Dacă ignorăm emoțiile celorlalți sau dacă le minimalizăm, putem crea tensiuni și neînțelegeri în relația noastră.

De exemplu, dacă partenerul nostru este supărat și noi îl minimalizăm spunându-i că nu este nimic grav sau că trebuie să treacă peste, putem să-i invalidăm emoțiile și să scădem încrederea în relația noastră.

Prin conștientizarea și gestionarea emoțiilor noastre și ale celorlalți, putem îmbunătăți calitatea relațiilor noastre interpersonale și să ne simțim mai conectați și mai apropiați de cei din jurul nostru. În final, înțelegerea emoțiilor în relațiile interpersonale este esențială pentru a construi relații autentice și durabile, bazate pe comunicare deschisă și empatie reciprocă.

Gestionarea emoțiilor în relațiile interpersonale este un aspect crucial pentru menținerea unei comunicări eficiente și a unei relații sănătoase. Emoțiile joacă un rol important în interacțiunea noastră cu ceilalți și pot influența modul în care ne comportăm și reacționăm în diverse situații.Uneori, emoțiile noastre pot fi greu de controlat și pot afecta negativ relațiile noastre interpersonale. De exemplu, furia ne poate determina să reacționăm impulsiv sau agresiv, iar tristețea sau anxietatea ne pot face să ne retragem sau să avem dificultăți în exprimarea sentimentelor noastre.

De aceea, este important să învățăm să gestionăm aceste emoții în relațiile cu cei din jurul nostru.

Există câteva strategii și tehnici pe care le putem utiliza pentru a gestiona emoțiile în relațiile interpersonale. Una dintre ele este conștientizarea și recunoașterea emoțiilor noastre. Este important să înțelegem ce anume ne determină să simțim anumite emoții și cum acestea ne influențează comportamentul. Prin identificarea și acceptarea emoțiilor noastre, putem începe să le gestionăm mai eficient.Un alt aspect important în gestionarea emoțiilor în relațiile interpersonale este comunicarea clară și deschisă. Este important să ne exprimăm cu sinceritate sentimentele și gândurile noastre față de ceilalți, într-un mod calm și respectuos. De asemenea, ascultarea activă a celorlalți și empatia pot contribui la îmbunătățirea relațiilor noastre interpersonale și la gestionarea emoțiilor în mod constructiv.

Dezvoltarea abilităților de auto-control și gestionare a stresului poate fi de ajutor în gestionarea emoțiilor în relațiile interpersonale. Prin tehnici de relaxare, meditație sau exerciții fizice, putem învăța să ne calmăm și să ne relaxăm în situații tensionate, ceea ce ne va ajuta să reacționăm mai adecvat în relațiile cu cei din jurul nostru. Gestionarea emoțiilor în relațiile interpersonale este un proces continuu și necesită efort și implicare din partea noastră. Prin conștientizarea și recunoașterea emoțiilor noastre, comunicarea eficientă și dezvoltarea abilităților de auto-control, putem construi relații interpersonale sănătoase și armonioase.

Gestionarea emoțiilor în relațiile interpersonale este extrem de importantă pentru menținerea unei comunicări eficiente și pentru construirea unei conexiuni sănătoase și armonioase între două sau mai multe persoane. Este esențial să ne gestionăm emoțiile pentru a putea relaționa cu ceilalți în mod corespunzător și pentru a evita conflictele sau tensiunile care ar putea apărea.Un prim pas în gestionarea emoțiilor în relațiile interpersonale este conștientizarea și recunoașterea propriilor emoții. Este important să ne identificăm emoțiile și să înțelegem ce anume le-a declanșat pentru a putea gestiona în mod corespunzător reacțiile noastre.

De exemplu, dacă suntem iritați de ceva ce a spus sau făcut cineva, ar trebui să ne întrebăm de ce ne simțim așa și cum putem gestiona această iritare într-un mod constructiv.Un alt aspect important în gestionarea emoțiilor în relațiile interpersonale este exprimarea lor într-un mod sănătos și respectuos. Este important să îți exprimi sentimentele într-un mod calm și coerent, fără a recurge la atacuri sau acuzații. De exemplu, în loc să spui "Mă enervează că întârzii mereu!", poți spune "Mă simt frustrat când întârzii pentru că îmi pare rău să stau așteptând".De asemenea, în relațiile interpersonale este important să fii dispus să asculți și să îți exprimi empatia față de ceilalți. Înțelegerea și acceptarea emoțiilor celorlalți poate contribui la crearea unei atmosfere de înțelegere și sprijin reciproc.

Gestionarea emoțiilor în relațiile interpersonale este esențială pentru menținerea unei comunicări sănătoase și armonioase. Prin conștientizarea, recunoașterea și exprimarea adecvată a emoțiilor noastre, putem construi relații interpersonale mai puternice și mai autentice.

Va propun 10 exerciții practice pentru a ne menține echilibrul emoțional și a gestiona conflictele în mod constructiv.

1. Automonitorizarea emoțiilor.
 Este important să fim conștienți de propriile noastre emoții și reacții în diferite situații. Automonitorizarea ne ajută să identificăm trigerii care pot declanșa conflicte și să gestionăm mai eficient stările noastre emoționale. De exemplu, dacă știm că suntem mai sensibili când suntem obosiți, putem evita să intrăm în discuții importante în acele momente și să ne acordăm timp să ne odihnim.

2. Respirația profundă.
 Tehnicile de respirație profundă sunt eficiente în reducerea stresului și a tensiunii emoționale. Atunci când simțim că furia sau frustrarea ne copleșesc, putem să ne oprim pentru câteva momente și să inspirăm profund și să expirăm încet de mai multe ori. Acest lucru ne ajută să ne calmăm și să revenim într-un stadiu de echilibru emoțional.

3. Practicarea empatiei.

În situații de conflict, este important să încercăm să ne punem în locul celuilalt și să înțelegem perspectiva sa. Prin empatie putem aborda situațiile conflictuale cu mai multă înțelegere și compasiune, facilitând astfel comunicarea și soluționarea problemelor.

4. Comunicarea nonviolentă.

În comunicarea nonviolentă, ne focusăm pe exprimarea sinceră a sentimentelor noastre și pe ascultarea respectuoasă a celuilalt, fără a folosi critici sau acuze. Acest tip de comunicare ne ajută să gestionăm conflictele în mod constructiv și să găsim soluții care să satisfacă ambele părți implicate.

5. Gestionarea timpului.

Multe conflicte pot apărea din cauza presiunii timpului sau a programelor încărcate. Este important să ne organizăm timpul eficient și să acordăm prioritățile corecte, pentru a evita stresul și tensiunile care pot duce la conflicte.

6. Practicarea relaxării.

Activitățile precum yoga, meditația sau plimbările în natură pot fi eficiente în relaxarea și echilibrarea emoțională.

Prin dedicarea unui timp pentru a ne relaxa și a ne conecta cu sinele nostru interior, putem gestiona mai bine emoțiile și reacțiile noastre în situații tensionate.

7. Respectul de sine.
 Este important să ne cunoaștem și să ne respectăm propriile nevoi și limite. A avea o imagine pozitivă despre sine și a ne acorda grijă și susținere înseamnă să fim mai puternici în fața provocărilor și să gestionăm mai bine conflictele.

8. Gestionarea conflictelor cu tact.
 În momentele de conflict, este important să știm să gestionăm situația cu tact și înțelepciune. A asculta cu atenție părțile implicate, a fi deschiși și flexibili în abordarea problemei și a căuta soluții care să fie benefice tuturor sunt abordări eficiente în gestionarea conflictelor.

9. Învațarea continuă.
 Este important să fim deschiși la schimbare și la învățare. Înțelegerea și acceptarea faptului că suntem imperfecți și că avem mereu ceva de învățat ne ajută să ne dezvoltăm și să ne perfecționăm abilitățile de gestionare a conflictelor.

10. Gestionarea emoțiilor negative.
 Pentru a ne menține echilibrul emoțional în situații de conflict, este important să știm cum să gestionăm emoțiile negative precum furia, frustarea sau tristețea. Putem folosi tehnici precum scrierea jurnalului, practicarea sportului sau discuțiile cu persoanele de încredere pentru a ne elibera emoțiile și a ne păstra echilibrul interior.

CAPITOLUL 8

- Construirea relațiilor fericite și armonioase.
- Elementele cheie pentru a construi și menține relații sănătoase și fericite.
- Strategii pentru a îmbunătăți relațiile existente și a dezvolta conexiuni autentice.

Construirea relațiilor fericite și armonioase este un obiectiv important pentru mulți oameni, deoarece conexiunile interpersonale sănătoase sunt esențiale pentru starea noastră de bine și fericirea noastră generală. Există mai multe aspecte cheie care pot contribui la dezvoltarea și menținerea unor relații de succes.Unul dintre cele mai importante aspecte este comunicarea eficientă. Pentru a avea o relație puternică, este vital să ne deschidem și să discutăm cu sinceritate cu partenerul nostru despre nevoile noastre, dorințele noastre și temerile noastre. Ascultarea atentă și înțelegerea punctului de vedere al celuilalt sunt, de asemenea, esențiale pentru a evita conflictele și a construi încrederea reciprocă.Respectul reciproc și sprijinul emoțional sunt de asemenea cheie pentru menținerea unei relații sănătoase.

Este important să ne arătăm recunoștința și aprecierea față de partenerul nostru și să fim alături de ei în momentele dificile.De asemenea, este important să ne acordăm timpul pentru noi înșine și să ne păstrăm o viață individuală sănătoasă și echilibrată în cadrul relației. Investirea în interese și pasiuni individuale ne poate ajuta să ne menținem echilibrul și să sprijinim reciproc creșterea și dezvoltarea personală.În cele din urmă, flexibilitatea și capacitatea de a compromite sunt esențiale în orice relație. Este important să fim deschiși să ne adaptăm și să ne ajustăm în funcție de nevoile și dorințele partenerului nostru și să fim dispuși să găsim soluții care să satisfacă ambele părți.

Construirea și menținerea relațiilor fericite și armonioase necesită efort, angajament și comunicare constantă. Cu o atitudine pozitivă și atenție la nevoile și dorințele celuilalt, putem crea conexiuni puternice și satisfăcătoare care să ne aducă fericire și împlinire pe termen lung.

Construirea relațiilor fericite este un proces care necesită efort, atenție și comunicare constantă între parteneri. Realizarea unei legături puternice și fericite implică o serie de aspecte importante pe care trebuie să le avem în vedere.Primul pas în construirea unei relații sănătoase este comunicarea deschisă și sinceră. Este important să ne exprimăm gândurile, sentimentele și nevoile în mod clar și să fim receptivi la ceea ce partenerul nostru are să ne transmită. Comunicarea este cheia pentru rezolvarea conflictelor și pentru consolidarea înțelegerii reciproce în cuplu. Respectul reciproc este un alt element esențial într-o relație fericită. Este important să ne respectăm unul pe celălalt, să ne ascultăm și să ne susținem în deciziile pe care le luăm. Respectul reciproc înseamnă și să fim deschiși la perspectiva celuilalt și să fim empatici în relația noastră.

Încrederea este o componentă crucială în construirea unei relații solide. Este important să ne bazăm unul pe celălalt, să fim sinceri și să ne oferim sprijin reciproc în momentele dificile. Încrederea este fundamentul unei relații sănătoase și fericite și trebuie cultivată și menținută în timp.

De asemenea, petrecerea timpului împreună și cultivarea intereselor comune sunt importante pentru menținerea conexiunii în cuplu. Este benefic să ne implicăm în activități pe care le apreciem împreună și să ne dedicăm timp pentru a împărtăși momente plăcute și memorabile. Compromisul și acceptarea reciprocă sunt esențiale în construirea unei relații fericite. Este important să fim deschiși la compromisuri și să învățăm să ne acceptăm unul pe celălalt așa cum suntem, cu toate calitățile și defectele noastre.

Pentru a construi și menține o relație fericită, este important să acordăm atenție aspectelor esențiale precum comunicarea, respectul, încrederea, interesul reciproc și acceptarea. O relație sănătoasă necesită efort și angajament din partea ambilor parteneri, dar recompensele unei conexiuni autentice și fericite sunt neprețuite.
Fiecare relație este o punte emoțională între două persoane, care necesită o îngrijire constantă pentru a rămâne solidă și fericită.

Există câteva aspecte cheie care pot contribui la construirea și menținerea unei relații fericite:

- Comunicarea sinceră și deschisă.
Unul dintre cele mai importante aspecte ale unei relații sănătoase este comunicarea eficientă. Fiecare partener ar trebui să poată vorbi deschis despre sentimentele lor, să fie receptivi la nevoile celuilalt și să își exprime gândurile și dorințele în mod clar.

- Încrederea reciprocă.
Încrederea este fundația unei relații solide. Este important să avem încredere în partenerul nostru și să ne arătăm loialitatea și sprijinul în orice situație.

- Respectul reciproc.
 Fiecare persoană trebuie să fie tratată cu respect într-o relație. Este important să ne ascultăm unul pe celălalt, să ne acceptăm defectele și să ne sprijinim în creșterea personală.

- Angajamentul și dedicarea.
Pentru ca o relație să fie fericită, ambii parteneri trebuie să fie dedicați și să

investească timp și energie în construirea și menținerea ei. Este important să fim prezenți emoțional și să ne implicăm activ în relație.

- Compasiunea și empatia.
 Este important să ne punem în locul celuilalt și să fim înțelegători în momentele dificile. Empatia și compasiunea ne pot ajuta să ne conectăm mai profund cu partenerul nostru și să ne construim o relație mai solidă.

- Stimulativ, aventuros și distractiv.
 Fiecare relație ar trebui să includă și momente de distracție și aventură. Este important să ne bucurăm împreună de activități noi și interesante, care să ne ajute să ne relaxăm și să ne întărim legăturile.
Cu dedicare, comunicare și respect, orice cuplu poate construi o relație solidă și fericită.
Construirea unei relații fericite implică efort, angajament și dedicare din partea ambelor părți. Prin comunicare deschisă, respect reciproc, încredere, petrecerea timpului împreună, compromisuri și apreciere reciprocă, puteți dezvolta o relație fericită care va rezista testului timpului.

Construirea și menținerea relațiilor armonioase este un aspect extrem de important în viața noastră, deoarece acestea contribuie la fericirea și succesul nostru atât în plan personal, cât și profesional. Relațiile armonioase se bazează pe comunicare deschisă și sinceră, pe respect reciproc, încredere, înțelegere și colaborare.Pentru a construi relații armonioase cu cei din jurul nostru, primul pas este să fim deschiși și empatici. Ascultarea cu atenție a celorlalți, încurajarea lor să își exprime gândurile și sentimentele, și arătarea de empatie și înțelegere față de acestea sunt cheia unei comunicări eficiente și sănătoase. De asemenea, respectul reciproc este esențial în orice relație, iar acesta se manifestă prin acceptarea diferențelor, setarea limitelor clare și respectarea lor, dar și printr-un comportament respectuos și politicos.
În relațiile interpersonale, încrederea joacă un rol crucial. Construirea unei relații bazate pe încredere necesită timp și efort, dar este esențială pentru a crea o legătură puternică și stabilă. Fiind consecvenți, onesti și consecventi în comportamentul nostru, ne putem câștiga încrederea celor din jur și putem oferi și noi încredere în schimb.

Colaborarea și solidaritatea sunt de asemenea aspecte importante în relațiile armonioase. În măsura în care ne arătăm disponibilitatea de a colabora și de a ne sprijini reciproc în momentele dificile, putem consolida legăturile cu cei din jur și putem construi relații puternice și de încredere.Dezvoltarea și menținerea relațiilor armonioase necesită muncă și dedicare constantă. Este important să fim conștienți de emoțiile și nevoile celorlalți, să fim deschiși și empatici, să ne arătăm recunoștința și aprecierea față de cei din jur și să fim dispuși să lucrăm împreună pentru a construi o relație sănătoasă și armonioasă. Nu există o rețetă magică pentru a avea relații de succes, dar cu răbdare, comunicare și înțelegere reciprocă, putem să ne bucurăm de relații armonioase și bune cu cei din jurul nostru.

Construirea relațiilor armonioase este un proces complex ce implică comunicare eficientă, înțelegere reciprocă, respect reciproc, încredere și susținere. O relație armonioasă nu înseamnă doar absența conflictelor, ci mai degrabă capacitatea de a gestiona și rezolva conflictele în mod constructiv.Comunicarea este esențială în orice relație sănătoasă.

Partenerii trebuie să fie deschiși și sinceri unul cu celălalt, să își poată exprima nevoile, grijile și temerile fără teama de a fi judecați. Ascultarea activă este la fel de importantă, învățându-se să fim atenți la nevoile și sentimentele celuilalt.

Înțelegerea reciprocă se bazează pe empatie și capacitatea de a vedea lucrurile din perspectiva celuilalt. Încercând să înțelegem motivele și emoțiile partenerului nostru, putem evita certurile nejustificate și misinterpretările.Respectul reciproc este o altă componentă cheie a relațiilor armonioase. Este important să ne tratăm partenerii cu respect și să apreciem diferențele dintre noi, în loc să le considerăm motive de conflict.

Încrederea este fundamentul unei relații solide. Este important să ne bazăm unul pe celălalt, să ne ținem promisiunile și să fim onești în toate situațiile. Lipsa încrederii poate distruge o relație într-un timp foarte scurt.Susținerea reciprocă este esențială în momentele dificile. Partenerii ar trebui să fie acolo unul pentru celălalt în momentele de cumpănă, să ofere sprijin emoțional și să găsească soluții împreună.

Construirea relațiilor armonioase implică muncă și dedicare din partea ambilor parteneri. Este important să ne asumăm responsabilitatea pentru sănătatea relației noastre și să ne străduim să creăm un mediu de înțelegere, respect reciproc și iubire necondiționată.Construirea relațiilor armonioase este un proces complex și necesită efort și atenție din partea ambelor părți implicate.

Iată câteva sfaturi și exemple pentru a dezvolta relații armonioase:

 - Comunicare eficientă.
Comunicarea deschisă și sinceră este cheia unei relații sănătoase și armonioase. Este important să ascultăm cu atenție cealaltă persoană, să ne exprimăm gândurile și sentimentele în mod clar și să fim deschiși la feedback constructiv.
Exemplu: O cuplu care se confruntă cu probleme de comunicare poate decide să meargă la terapie de cuplu pentru a învăța cum să comunice mai eficient și să-și exprime nevoile și dorințele într-un mod sănătos.

- Respect reciproc.
 Respectul față de celălalt este esențial în construirea unei relații armonioase. Este important să recunoaștem și să apreciem calitățile și opiniile celuilalt, chiar dacă nu suntem de acord cu ele.
Exemplu: Într-o echipă de lucru, colegii ar trebui să-și respecte reciproc competențele și să ofere sprijin atunci când este nevoie, fără a critica sau submina munca celuilalt.

 - Gestionarea conflictelor.
Este normal să apară conflicte într-o relație, însă este important să învățăm cum să le gestionăm într-un mod sănătos și constructiv. Ascultarea activă, exprimarea nevoilor și găsirea unor soluții de compromis pot ajuta la rezolvarea conflictelor într-un mod armonios.
Exemplu: Două prietene care sunt în dezacord cu privire la o anumită decizie pot decide să discute deschis despre problemele lor și să încerce să găsească un compromis care să mulțumească pe ambele părți.

Construirea relațiilor armonioase necesită angajament, comunicare, respect reciproc și abilitatea de a gestiona conflictele într-un mod sănătos. Prin aplicarea acestor principii și practici, putem construi relații sănătoase și durabile în diverse aspecte ale vieții noastre.

Va propun 10 exerciții practice pentru a
îmbunătăți relațiile existente și a dezvolta
conexiuni autentice.

1. Ascultare activă.
În loc să așteptăm să vorbim noi, trebuie să
fim cu adevărat prezenți și să ascultăm cu
atenție ceea ce partenerul nostru are de spus.
Putem repeta ceea ce am înțeles pentru a ne
asigura că am înțeles corect și arătăm interes
prin întrebări relevante sau comentarii.
De exemplu, în loc să lăsăm partenerul să
vorbească despre o zi dificilă fără să acordăm
atenție, putem întreba care au fost cele mai
dificile momente și cum putem ajuta.

2. Comunicare deschisă și onestă.
Este important să ne exprimăm sentimentele
și gândurile fără teama de judecată. Trebuie
să fim sinceri cu noi înșine și cu partenerul
nostru, astfel încât să putem construi o
relație solidă și de încredere.

De exemplu, în loc să păstrăm resentimente
în interior, putem să împărtășim cum ne
simțim și să lucrăm împreună la găsirea unei
soluții.

3. Petrecerea timpului de calitate împreună.
Găsirea activităților pe care le putem face
împreună poate întări legăturile noastre și ne
poate ajuta să ne relaxăm și să ne distrăm
împreună.
De exemplu, putem merge la plimbare în
parc, să vizionăm un film sau să gătim
împreună.

4. Sprijin reciproc.
 Fiind acolo pentru partenerul nostru în
momente dificile și susținându-l în
obiectivele sale, putem consolida legătura
noastră și arăta că suntem un partener de
încredere.
De exemplu, putem să ne oferim ajutorul
când partenerul are mult de muncă sau să-l
încurajăm când se confruntă cu o provocare.

5. Respect reciproc.
Respectul este fundamentul unei relații
sănătoase. Trebuie să ne respectăm
partenerul cu adevărat, să-i ascultăm opiniile
și să-i fim recunoscători pentru calitățile
sale.
De exemplu, putem să-i arătăm respect
partenerului nostru prin a-i acorda spațiu
personal și prin a-i respecta alegerile și
deciziile.

6. Surprize plăcute.
Câteodată, un gest simplu poate face o diferență imensă în relație. Arătând partenerului nostru că ne gândim la el și că ne pasă, putem întări conexiunea dintre noi. De exemplu, putem să-i trimitem un mesaj dulce sau să-i pregătim o mică surpriză într-o zi obișnuită.

7. Lucrul împreună la obiective comune.
Stabilitatea și sprijinul în atingerea obiectivelor comune pot consolida relația noastră și pot crea un sentiment de realizare împreună.
De exemplu, putem să ne implicăm amândoi în găsirea unei case noi sau să ne susținem reciproc în atingerea obiectivelor profesionale.

8. Rezolvarea conflictelor în mod constructiv.
Conflictul este inevitabil în orice relație, dar este important să gestionăm aceste conflicte în mod sănătos și constructiv. Putem încerca să găsim soluții împreună și să ne concentrăm pe comunicarea eficientă.
De exemplu, putem folosi tehnici de rezolvare a conflictelor,pentru a depăși obstacolele în calea relației noastre.

9. Cunoașterea reciprocă.
 Explorează și învață mai multe despre partenerul tău, interesele și pasiunile sale.
Află mai multe despre trecutul, valorile și visele sale pentru a-ți dezvolta o mai bună înțelegere și conexiune.
De exemplu, îl poți întreba despre copilărie sau despre ce anume îl motivează în viață.

10. Manifestarea aprecierii.
 Fiind recunoscători și exprimându-ne recunoștința față de partenerul nostru pentru lucrurile bune pe care le aduce în viața noastră, putem crește apropierea și atașamentul nostru.
De exemplu, putem să-i spunem partenerului cât de mult însemnă pentru noi și să-i arătăm că suntem recunoscători pentru tot ceea ce face pentru noi.

CAPITOLUL 9

-Iubirea de sine și iubirea față de ceilalți.

- Cum să integrăm iubirea de sine în relațiile noastre cu ceilalți.

- Rolul compasiunii și empatiei în construirea relațiilor interpersonale sănătoase.

Iubirea de sine și iubirea față de ceilalți sunt două aspecte fundamentale ale trăirii unei vieți echilibrate și împlinite. Iubirea de sine înseamnă să ne acceptăm așa cum suntem, să ne respectăm, să ne iubim și să ne îngrijim atât fizic, cât și mental. Este important să ne acordăm timp și atenție pentru a ne cunoaște și pentru a ne dezvolta potențialul personal.Iubirea de sine ne ajută să ne simțim mai încrezători în noi înșine, să gestionăm mai bine stresul și să ne manifestăm mai ușor în relațiile interpersonale. Atunci când ne iubim pe noi înșine, avem mai multă încredere în propriile noastre abilități și ne putem impune cu ușurință limite sănătoase în relațiile noastre.

Pe de altă parte, iubirea față de ceilalți este un aspect esențial al dezvoltării noastre personale. Atunci când ne deschidem inimile către ceilalți și le arătăm compasiune, empatie și iubire, ne simțim mai conectați și mai înrădăcinați în comunitatea noastră. În plus, dar luarea în considerare a nevoilor și dorințelor celor din jur, dezvoltăm o relație mai profundă și mai autentică cu aceștia. Iubirea de sine și iubirea față de ceilalți sunt complementare și se întrepătrund în mod constant. Atunci când ne iubim pe noi înșine, suntem mai capabili să oferim iubire și sprijin celor din jur. La rândul lor, relațiile sănătoase pe care le construim cu ceilalți ne ajută să ne iubim și să ne acceptăm mai mult pe noi înșine.Prin cultivarea iubirii de sine și a iubirii față de ceilalți, putem să trăim o viață plină de înțelegere, compasiune, recunoștință și fericire. Este important să ne amintim că ne merităm iubirea atât din partea noastră, cât și din partea celor din jur, și că aceasta este cheia pentru o viață împlinită și fericită.Iubirea de sine este unul dintre cei mai importanți pași în creșterea personală și în atingerea fericirii.

Este o atitudine pozitivă față de propriul eu, în care ne acceptăm așa cum suntem și ne iubim cu toate calitățile și defectele noastre.Dezvoltarea iubirii de sine înseamnă să ne acordăm prioritate, să ne respectăm nevoile și să ne tratăm cu bunătate și compasiune. Este important să ne acordăm timp să ne cunoaștem și să ne acceptăm așa cum suntem, fără a ne compara cu alții sau a ne critica constant.

Iubirea de sine nu înseamnă egoism sau narcisism, ci este un mod sănătos de a ne pune pe noi înșine pe primul loc, pentru a ne întări stima de sine și a ne dezvolta în mod armonios.

Atunci când suntem capabili să ne iubim cu adevărat, suntem mai fericiți, mai încrezători și mai empatici față de ceilalți. Iubirea de sine ne ajută să depășim obstacolele, să ne luptăm pentru visele noastre și să ne arătăm vulnerabilitatea în relațiile noastre.Pentru a dezvolta iubirea de sine, este important să ne acordăm timp pentru activități care ne fac fericiți, să ne exprimăm emoțiile și sentimentele în mod sănătos și să ne îngrijim de corpul nostru și de sănătatea noastră mentală.

Iubirea de sine ne ajută să ne valorizăm și să ne împlinim potențialul, să ne acceptăm și să ne iubim așa cum suntem, în fiecare moment al vieții noastre. Este un dar prețios pe care ni-l putem oferi nouă înșine și care ne va însoți în fiecare zi a călătoriei noastre personale.

Iubirea față de ceilalți este un aspect fundamental al existenței umane și joacă un rol crucial în relațiile interpersonale și în societate în ansamblu. Această formă de dragoste implică empatie, compasiune, altruism și acceptare necondiționată a celor din jur.Atunci când iubim pe cineva, ne pasă de starea lor emoțională, fizică și spirituală. Ne dorim să îi ajutăm în momentele dificile, să le oferim sprijin și să le arătăm că sunt apreciați și valorizați. Iubirea față de ceilalți ne determină să ne gândim la binele lor și să acționăm astfel încât să contribuim la fericirea și bunăstarea lor.

Iubirea față de ceilalți ne oferă, de asemenea, oportunitatea de a ne conecta la nivel profund cu ceilalți și de a construi relații autentice și solide. Această conexiune emoțională ne oferă confort, siguranță și satisfacție emoțională, dar și ne oferă oportunitatea de a crește și de a evolua ca persoane.

În plus, iubirea față de ceilalți ne încurajează să fim mai buni, să ne arătăm generozitatea și să ne implicăm în acțiuni de ajutorare și sprijinire a celor din jur. Această atitudine de iubire și bunătate poate avea un impact pozitiv nu doar asupra persoanei iubite, ci și asupra întregii comunități sau societăți.

Este important să cultivăm și să promovăm această iubire față de ceilalți în viața noastră de zi cu zi. Fie că este vorba de familie, prieteni, colegi de muncă sau chiar de persoane străine pe care le întâlnim în viața noastră, este esențial să ne menținem deschiderea și inima călduroasă pentru a oferi și a primi iubire și compasiune. În acest fel, putem contribui la construirea unei lumi mai bune și mai unite, în care fiecare individ se simte valorizat, acceptat și iubit.

Iubirea față de ceilalți este un sentiment puternic care ne leagă și ne umanizează ca ființe. Ea ne determină să fim mai buni, mai generoși și mai empatici în relațiile noastre cu cei din jur. Este un act de dăruire și de sacrificiu, care ne aduce împlinire și sănătate emoțională.

Studiile arată că iubirea față de ceilalți are numeroase beneficii pentru sănătatea noastră mentală și fizică.

Ea poate reduce nivelul de stres și anxietate, îmbunătățind în același timp starea noastră generală de bine. Conexiunile interpersonale bazate pe iubire sunt esențiale pentru dezvoltarea noastră emoțională și cognitivă.

Iubirea față de ceilalți nu înseamnă doar sentimente romantice sau de prietenie, ci și o atitudine de respect și prețuire față de semeni. Este important să manifestăm această iubire prin gesturi concrete de bunăvoință și ajutor reciproc, cât și prin înțelegere și acceptare a diferențelor dintre noi.În societatea modernă, în care individualismul și egoismul par să fie la ordinea zilei, iubirea față de ceilalți poate fi un antidot eficient împotriva indiferenței și a răutății. Prin cultivarea acestui sentiment în relațiile noastre și în comunitatea în care trăim, putem contribui la crearea unui mediu mai bun și mai empatic pentru toți.
Iubirea față de ceilalți este unul dintre cele mai nobile și frumoase sentimente pe care le putem experimenta ca ființe umane. Ea ne aduce împreună, ne întărește legăturile și ne oferă bucurie și sens în viață. Să încercăm să cultivăm această iubire în inimile noastre și să o împărtășim cu toți cei din jurul nostru.

Iubirea de sine este un aspect extrem de important al sănătății noastre emoționale și mentale. Ea implică acceptarea de sine, respectul față de propria persoană și grijă pentru propria sănătate și bunăstare. Atunci când ne iubim pe noi înșine, suntem mai fericiți, mai încrezători și mai capabili să ne îndeplinim scopurile și să ne îndeplinim potențialul.Deși iubirea de sine este esențială pentru bunăstarea noastră, aceasta poate avea unele repercusiuni în relațiile noastre cu ceilalți. Uneori, oamenii pot percepe iubirea de sine ca fiind egoism sau egoism. Cu toate acestea, este important să înțelegem că nu putem avea relații sănătoase cu ceilalți fără a ne iubi pe noi înșine în primul rând.

Pentru a integra iubirea de sine în relațiile noastre cu ceilalți, trebuie să avem încredere în noi înșine și să fim siguri pe noi înșine. Aceasta înseamnă să ne respectăm propriile limite, să ne exprimăm nevoile și dorințele noastre și să nu ne sacrificăm bunăstarea noastră pentru a ne conforma așteptărilor altora. Atunci când ne iubim pe noi înșine și ne acordăm atenție și grijă, suntem mai capabili să oferim iubire și sprijin celor din jurul nostru.

De asemenea, este important să fim conștienți de propria noastră valoare și să nu ne lăsăm devalorizați sau abuzați în relațiile noastre. Atunci când ne iubim pe noi înșine, avem încredere în noi și în alegerile noastre și suntem mai puțin predispuși să suportăm comportamente toxic sau abuziv din partea altora. Atunci când ne iubim pe noi înșine, suntem mai capabili să oferim și să primim iubire și respect autentic în relațiile noastre. Iubirea de sine reprezintă un aspect fundamental în orice relație pe care o avem cu ceilalți. Este important să lucrăm la dezvoltarea acestei relații cu noi înșine pentru a putea oferi și primi iubire în relațiile noastre interpersonale.Pentru a integra iubirea de sine în relațiile noastre cu ceilalți, este important să ne concentrăm pe aspectele pozitive ale propriei persoane și să ne învățăm să ne acceptăm așa cum suntem, cu defectele și calitățile noastre. Este important să ne acordăm timp pentru a ne cunoaște și a ne întelege nevoile și dorințele proprii și să ne asigurăm că ne acordăm atenția și iubirea de care avem nevoie.

Este important să ne respectăm limitele și să ne exprimăm nevoile și dorințele noastre în mod onest și deschis în relațiile noastre cu ceilalți.

Comunicarea deschisă și sinceră este cheia pentru a îmbunătăți relațiile noastre și a ne asigura că ne păstrăm autonomia și integritatea noastră în orice situație. Practicând iubirea de sine și manifestând respectul și încrederea în propria persoană, vom deveni mai puternici și mai încrezători în relațiile noastre. Vom învăța să ne impunem limitele și să ne protejăm propriul bine-estar, ceea ce va contribui la construirea unor relații sănătoase și echilibrate cu ceilalți.

Iubirea de sine este un proces continuu și dinamic, care necesită să ne acordăm atenția și iubirea de care avem nevoie pentru a crește și a înflori în relațiile noastre cu ceilalți. Prin practicarea compasiunii și blândeții față de noi înșine, vom putea să transmitem iubire și acceptare celor din jurul nostru și să construim relații armonioase și fericite.

Iubirea de sine este un aspect extrem de important în relațiile noastre cu ceilalți, deoarece este imposibil să ne iubim cu adevărat pe ceilalți dacă nu ne iubim și pe noi înșine în primul rând. Când avem o încredere și o stima de sine sănătoasă, suntem capabili să ne exprimăm nevoile și dorințele într-o manieră calma și respectuoasă, iar acest lucru duce la o comunicare mai bună și la relații mai sănătoase.

Atunci când ne iubim pe noi înșine, suntem mai capabili să stabilim limite sănătoase în relațiile noastre și să nu acceptăm compromisuri care nu ne servesc sau care ne fac să ne simțim neapreciați. De asemenea, avem capacitatea de a ne alege parteneri care ne tratează cu respect și care ne încurajează să fim cei mai buni noi înșine.
Iubirea de sine ne ajută, de asemenea, să nu ne bazăm stima de sine pe ceea ce cred sau spun ceilalți despre noi și să nu cădem în capcana de a căuta aprobarea și validarea externă. Atunci când ne iubim pe noi înșine, suntem mai puțin afectați de critici și ne putem menține încrederea și respectul de sine chiar în fața adversităților.

Iubirea de sine este o bază solidă pentru relațiile noastre cu ceilalți și este esențial să lucrăm constant la dezvoltarea acestei iubiri de sine pentru a avea relații sănătoase și împlinitoare în viața noastră.

Compasiunea și empatia sunt două aspecte esențiale în orice relație interumană sănătoasă. Acestea sunt abilități care ne permit să ne conectăm cu ceilalți într-un mod autentic și să ne arătăm sprijinul și înțelegerea față de sentimentele și nevoile lor. Construirea unor relații interpersonale de succes implică capacitatea de a manifesta compasiune și empatie în relația cu ceilalți.

-Compasiunea se referă la abilitatea de a simți empatie și de a acționa în mod altruist în fața suferinței celorlalți. Este important să ne dăm seama că ceilalți pot avea trăiri și experiențe diferite de ale noastre și să le arătăm înțelegere și sprijin în momentele dificile. Compasiunea ne ajută să creăm un mediu de încredere și respect reciproc în relațiile noastre.

-Empatia, pe de altă parte, este capacitatea de a ne pune în locul celuilalt, de a simți și de a înțelege emoțiile și experiențele sale. Empatia ne ajută să comunicăm eficient, să ne conectăm cu ceilalți și să construim relații bazate pe înțelegere și compasiune. Prin exprimarea empatiei, putem stabili legături puternice și sănătoase cu cei din jurul nostru.

Atunci când suntem capabili să manifestăm compasiune și empatie în relațiile noastre interpersonale, putem crea un mediu de susținere și încurajare reciprocă. Aceste abilități ne ajută să ne exprimăm nevoile și dorințele noastre în mod deschis și să fim receptivi la nevoile și dorințele celorlalți. În plus, compasiunea și empatia ne ajută să gestionăm mai bine conflictele și să rezolvăm problemele într-un mod constructiv.

Prin urmare, compasiunea și empatia sunt esențiale în construirea relațiilor interpersonale sănătoase, deoarece ne permit să ne conectăm cu ceilalți într-un mod autentic și să ne arătăm sprijinul și înțelegerea față de cei din jurul nostru. Aceste abilități ne ajută să dezvoltăm relații bazate pe respect reciproc, încredere și susținere, iar rezultatul este o viață mai bogată și mai împlinită.

Compasiunea este unul dintre pilonii principali în construirea relațiilor interpersonale sănătoase și armonioase. Ea reprezintă capacitatea de a simți și de a empatiza cu suferința și nevoile celor din jur, fără a judeca sau critica. Atunci când avem compasiune pentru ceilalți, suntem mai predispuși să-i înțelegem, să-i sprijinim și să ne implicăm în viețile lor cu un spirit deschis și lipsit de egoism.

În relațiile interpersonale, compasiunea este esențială pentru că contribuie la construirea unei conexiuni autentice și profunde între oameni. Atunci când ne manifestăm compasiune față de ceilalți, le arătăm că suntem acolo pentru ei, că îi susținem și îi respectăm în momentele dificile. Aceasta creează un climat de încredere și armonie în relația noastră, iar partenerii noștri se simt mai în siguranță și mai valorizați.De asemenea, compasiunea este o sursă de învățare și creștere personală în relațiile interpersonale. Atunci când suntem capabili să ne punem în locul celorlalți și să-i înțelegem cu adevărat, avem oportunitatea de a ne dezvolta empatia, toleranța și capacitatea de a comunica eficient. Aceste abilități sunt fundamentale pentru menținerea unei relații sănătoase și pentru rezolvarea conflictelor într-un mod constructiv.

Compasiunea ne ajută să fim mai deschiși și mai receptivi la nevoile, dorințele și sentimentele celorlalți.

Ne încurajează să fim mai atenți și mai sensibili față de suferința sau dificultățile pe care le întâmpină cei din jur și să le oferim sprijinul și compasiunea de care au nevoie. Aceasta ne ajută să construim legături sincere și puternice cu cei din jur și să ne simțim mai apropiați și mai conectați pe plan emoțional. Compasiunea joacă un rol crucial în construirea relațiilor interpersonale sănătoase și armonioase, oferindu-ne oportunitatea de a ne conecta mai profund cu cei din jur, de a ne dezvolta abilitățile de comunicare și de a ne sprijini reciproc în momentele grele. Prin cultivarea acestei virtuți, putem construi relații autentice, bazate pe încredere, respect și solidaritate, care să ne aducă fericire și împlinire în viața noastră.

Compasiunea este esențială în construirea relațiilor interpersonale sănătoase. Ea presupune capacitatea de a resimți emotiile și suferințele celorlalți și de a manifesta înțelegere și grijă față de ei. Compasiunea implică empatie, adică capacitatea de a intra în pielea celorlalți și de a-i recunoaște ca ființe umane cu nevoi, bucurii și suferințe.

Atunci când manifestăm compasiune față de ceilalți, construim o relație bazată pe încredere, respect și susținere reciprocă. Oamenii care simt că sunt înțeleși și că cineva le este alături în momentele dificile vor fi mai predispuși să își deschidă inima și să împărtășească mai ușor grijile și temerile lor. În acest fel, se creează un climat de conexiune și intimitate care consolidează relația și îi conferă rezistență în fața provocărilor.

Compasiunea nu înseamnă doar să arătăm înțelegere față de ceilalți, ci și să fim dispuși să îi sprijinim să își depășească dificultățile și să își atingă potențialul maxim. Atunci când suntem compasiunili, suntem mai receptivi la nevoile celor din jur și ne implicăm activ în încurajarea lor să fie cea mai bună versiune a lor înșiși.

În plus, compasiunea ne ajută să gestionăm conflictul în relații. Atunci când ne raportăm la ceilalți cu compasiune, suntem mai puțin predispuși să cădem în capcana judecății sau criticilor dure și să găsim soluții constructive pentru rezolvarea divergențelor. Prin această atitudine deschisă și înțelegătoare, întărim legăturile cu cei din jur și construim relații sănătoase bazate pe respect reciproc și comunicare eficientă.

Compasiunea este un pilon fundament al relațiilor interpersonale sănătoase. Ea nu doar ne ajută să construim conexiuni autentice și să ne simțim împliniți în relațiile noastre, dar și să creștem în înțelegere și empatie față de cei din jur. Prin cultivarea compasiunii în relațiile noastre, putem contribui la crearea unui mediu relațional plin de susținere, acceptare și iubire necondiționată.

Va propun 10 exerciții practice pentru iubirea de sine și iubirea față de ceilalți.

Iubirea de sine este esențială pentru a putea oferi și primi iubire de la ceilalți. Pentru a ne învăța să ne iubim pe noi înșine mai mult și să avem relații sănătoase cu cei din jurul nostru, putem să facem anumite exerciții practice care ne vor ajuta în acest proces.

1. Practică recunoștința.
Fă-ți un obicei zilnic să te gândești la lucrurile pentru care ești recunoscător în viața ta. Poți ține un jurnal în care să notezi aceste lucruri sau să le spui în gând în fiecare dimineață.

2. Începe o rutină de îngrijire personală.
Oferă-ți timp să ai grijă de tine. Poți să faci exerciții de relaxare sau meditație, să faci sport, să îți acorzi timp pentru a citi o carte care îți place sau să îți prepari mâncarea preferată.

3. Renunță la auto-critica excesivă.
 În loc să te critici constant pentru greșelile pe care le faci, încearcă să te percep ca pe un prieten și să îți vorbești cu bunătate și înțelegere atunci când ai eșuat.

4. Stabilește limite sănătoase.
 Nu este egoist să îți stabilești limite sănătoase. Învață să spui "nu" atunci când simți că ceilalți te abuzează sau îți depășesc limitele personale.

5. Privește-te cu compasiune.
 În loc să te critici pentru defectele tale, încearcă să te privești cu compasiune și înțelegere. Acceptă faptul că ești imperfect, ca toți oamenii, și că ai dreptul să te iubești așa cum ești.

6. Învață să primești complimentele.
 Când cineva te complimentează, nu respinge complimentele sau nu le minimaliza. Acceptă-le și mulțumește-i persoanei pentru aprecierea lor.

7. Fă-ți timp pentru pasiunile tale.
Încearcă să îți faci timp pentru activitățile care te fac fericit și te împlinesc. Aceste activități te vor ajuta să te conectezi cu tine însuți și să îți întărești iubirea de sine.

8. Spune "te iubesc" cel puțin o dată pe zi, inclusiv ție însuți.

Nu uita să îți spui în oglindă că te iubești și că meriți tot binele din lume. Fă acest lucru în fiecare dimineață sau seară.

9. Practică altruismul.
Oferă-ți voluntar la o organizație locală sau ajută un prieten în nevoie. Prin fapte de bunătate vei simți cum îți crește iubirea pentru tine și pentru ceilalți.

10. Iartă-te și iartă-i pe ceilalți.
 Iertarea este un act de iubire de sine și de ceilalți. Învață să îți ierți greșelile și să îi ierți și pe ceilalți pentru greșelile lor. Iertarea eliberează întunericul din inimile noastre.

Prin practicarea acestor exerciții de iubire de sine și iubire față de ceilalți, vei deveni mai conștient de propria ta valoare și vei începe să construiești relații mai sănătoase și mai armonioase cu cei din jurul tău. Iubirea de sine este cheia unei vieți fericite și împlinite.

CAPITOLUL 10

- Practicarea iubirii de sine în fiecare zi.
- Sfaturi și sugestii pentru a ne menține iubirea de sine în fiecare aspect al vieții noastre.
- Cum să ne amintim constant că suntem vrednici de iubire și respect, și să ne manifestăm acest sentiment în fiecare zi.

Iubirea de sine reprezintă un aspect crucial al stării noastre de bine și al sănătății mentale. Practicarea iubirii de sine în fiecare zi înseamnă acordarea atenției și îngrijirii de sine necesare pentru a ne simți întregi, fericiți și în echilibru.Pentru a practica iubirea de sine în fiecare zi, este important să ne acordăm timp pentru a ne conecta cu noi înșine și a ne întreba ce avem nevoie pentru a ne simți bine. Acest lucru poate însemna prioritizarea somnului, alimentației sănătoase, exercițiilor fizice, meditației sau activităților care ne aduc bucurie și relaxare. Este esențial să ne respectăm propriile limite și să ne acordăm permisiunea de a spune nu atunci când simțim că ne depășim capacitatea sau avem nevoie de timp și spațiu pentru noi înșine. De asemenea, este important să ne vorbim frumos și cu blândețe, să ne înțelegem și să ne acceptăm așa cum suntem, cu toate calitățile și defectele noastre. Practicarea iubirii de sine înseamnă, de asemenea, să fim conștienți de propriile gânduri și emoții și să le acceptăm fără a le judeca sau critica. Este important să ne acordăm timp pentru a ne exprima și a elibera emoțiile negative și să căutăm modalități să ne relaxăm și să ne încărcăm cu energie pozitivă.

Iubirea de sine nu înseamnă egoism sau narcisism, ci înseamnă o atitudine de compasiune, respect și acceptare față de propria persoană. Atunci când ne iubim pe noi înșine, suntem mai buni și mai capabili să oferim iubire și sprijin celor din jurul nostru. Practicarea iubirii de sine în fiecare zi poate fi un proces dificil și provocator, dar cu timp și răbdare, putem ajunge să ne simțim mai împliniți și echilibrați în viața noastră. Iubirea de sine înseamnă să te accepți așa cum ești, să îți oferi îngrijire și respect și să ai grijă de nevoile tale emoționale, fizice și mentale.

Este un proces continuu și care necesită efort și conștientizare, dar care poate aduce multe beneficii pentru starea ta de bine și pentru relațiile cu ceilalți.Pentru a practica iubirea de sine în fiecare zi, este important să îți acorzi timp pentru tine însuți. Acest lucru poate însemna să îți faci timp pentru activități care îți aduc bucurie și împlinire, cum ar fi cititul, practicarea unei hobby-uri sau pur și simplu să te relaxezi și să te conectezi cu tine însuți. De asemenea, este important să ai grijă de sănătatea ta fizică, pentru că aceasta este o componentă importantă a iubirii de sine. Alege să mănânci sănătos, să te miști în fiecare zi și să îți acorzi suficient timp de odihnă și relaxare.Un alt aspect important al iubirii de sine este autocunoașterea. Încearcă să te observi și să îți analizezi gândurile și emoțiile într-un mod obiectiv, fără să îți judeci sau critică. Acceptă-te,când înveți să te cunoști pe tine însuți mai bine, îți poți îmbunătăți relația cu tine însuți și cu ceilalți. Iubirea de sine înseamnă, de asemenea, să ai grijă de relațiile tale cu ceilalți și să îți stabilești limite sănătoase în interacțiunile cu aceștia.

Iubirea de sine este un proces continuu care implică acceptarea și iertarea de sine, îngrijirea propriului corp și minte și prioritizarea nevoilor și dorințelor personale. Pentru a implementa iubirea de sine în fiecare zi, este important să practicăm diverse metode care să ne ajute să ne conectăm cu noi înșine și să ne încurajăm să ne tratăm cu respect și iubire.Un mod eficient de a implementa iubirea de sine în rutina zilnică este să ne acordăm timp pentru auto-reflecție și autocunoaștere. Acest lucru poate implica meditația, jurnalul sau practicarea mindfulness-ului. Prin încurajarea unei conexiuni mai profunde cu sine, putem înțelege mai bine nevoile noastre și să le acordăm atenția și îngrijirea necesară.

De asemenea, iubirea de sine poate fi cultivată prin practicarea auto-îngrijirii și autocuratării. Alocând timp pentru activități care ne fac plăcere și ne ajută să ne simțim bine, cum ar fi exercițiile fizice, lectura sau gătitul, putem crește stima de sine și starea noastră de bine.

Un alt mod de a implementa iubirea de sine în fiecare zi este să ne impunem limite sănătoase și să ne prioritizăm nevoile noastre.

De multe ori, suntem tentați să ne punem propriile nevoi pe plan secundar în favoarea altor persoane sau responsabilități. Este important să ne amintim că suntem la fel de importante ca și ceilalți și să ne acordăm permisiunea de a spune nu atunci când este necesar.

Un exemplu de implementare a iubirii de sine în fiecare zi ar putea fi acordarea unei dimineți liniștite pentru a începe ziua cu o rutină de meditație sau yoga, urmată de prepararea unui mic dejun sănătos și apoi acordarea atenției și încurajării unui obiectiv personal sau pasiune.Cu practică și răbdare, putem cultiva iubirea de sine în fiecare zi și să ne construim o relație mai pozitivă și mai echilibrată cu noi înșine.

Iubirea de sine este o practică importantă care ne ajută să ne construim încrederea în noi înșine, să ne respectăm și să ne îngrijim pe toate planurile.

Este important să ne amintim că nu putem avea grijă de alții sau să fim fericiți în relațiile noastre dacă nu avem grijă de noi înșine în primul rând.

Iată câteva modalități prin care putem implementa iubirea de sine în fiecare zi:

- Acordă-ți timp pentru tine.
Dedicați o parte din zi numai pentru tine. Poate fi o simplă plimbare în natură, cititul unei cărți sau urmărirea unui film preferat. Este important să ne acordăm pauze și să avem timp pentru a ne relaxa și a ne bucura de lucrurile care ne fac fericiti.

- Îngrijește-te fizic.
 Fă-ți un program de exerciții fizice regulat, mănâncă sănătos și odihnește-te suficient. Odată ce îți acorzi atenție corpului tău, vei simți mai multă energie și încredere în tine.

- Fă-ți complimente.
Recunoaște-ți calitățile și realizeările, fără a te critica sau a te judeca. În loc să te compari cu alții, concentrează-te pe ceea ce faci bine și pe modul în care poți crește și evolua.

- Setează limite sănătoase.
Nu te simți obligat să faci totul pentru ceilalți sau să accepți orice cerere. Fii ferm în a-ți exprima nevoile și să nu te simți vinovat pentru a spune "nu" atunci când este necesar.

- Cultivă relații pozitive.
Înconjoară-te de oameni care te susțin și te încurajează și evită pe cei care te trage în jos sau te fac să te simți rău. Relațiile pozitive te pot ajuta să-ți crești stima de sine și să te simți mai iubit și apreciat.

Iubirea de sine nu este un proces simplu sau ușor, dar este esențial să lucrăm în fiecare zi pentru a ne construi o relație sănătoasă și armonioasă cu noi înșine. Cu practică și răbdare, putem începe să ne iubim și să ne acceptăm așa cum suntem, cu toate calitățile și defectele noastre.
Iubirea de sine este un aspect crucial al stării noastre de bine și fericire. Este important să ne acordăm timp să ne îngrijim de noi înșine și să ne oferim dragoste și îngrijire, la fel cum am face-o pentru cei dragi din viața noastră. Pentru a ne menține iubirea de sine în fiecare aspect al vieții noastre, este important să avem grijă de corpul nostru. Acest lucru include alimentație sănătoasă, exerciții regulate, odihnă adecvată și gestionarea stresului. Dacă ne hrănim corpul cu alimente sănătoase și facem exerciții regulate, ne vom simți mai bine în pielea noastră și vom avea mai multă energie pentru a face față provocărilor zilnice.

De asemenea, este important să avem grijă de mintea noastră. Practicarea meditației și a mindfulness-ului poate ajuta la reducerea stresului și anxietății și la îmbunătățirea stării noastre de spirit. Găsirea unor hobby-uri care ne aduc bucurie și relaxare poate fi, de asemenea, benefică pentru sănătatea noastră mentală.

Nu trebuie să uităm nici de sufletul nostru. Conectarea cu natura, petrecerea timpului în aer liber și practicarea recunoștinței sau a rugăciunii pot contribui la creșterea stării noastre de fericire și echilibru emoțional. De asemenea, relațiile sănătoase cu cei din jurul nostru sunt importante pentru stima de sine și iubirea de sine.

Nu în ultimul rând, este important să fim blânzi și să ne iertăm pe noi înșine. Este normal să fim imperfecți și să facem greșeli, important este să învățăm din ele și să ne creștem înțelepciunea și compasiunea față de noi înșine și ceilalți.

Menținerea iubirii de sine în fiecare aspect al vieții noastre necesită grijă, atenție și practică constantă, dar va aduce cu siguranță beneficii semnificative pentru starea noastră de bine și fericire.

Iubirea de sine este un aspect foarte important al vieții noastre, care ne permite să ne acceptăm și să ne apreciem așa cum suntem. Pentru a ne menține iubirea de sine în fiecare aspect al vieții noastre, este important să acordăm atenție diferitelor aspecte ale vieții noastre și să ne acordăm timp și energie pentru a ne dezvolta și a ne îngriji.

Iată câteva sfaturi pentru a ne menține iubirea de sine:

- Acordă-ți timp pentru tine.

Este important să-ți acorzi timp pentru a te relaxa și a te relaxa. Poți petrece timpul meditând, citind cărți, practicând yoga sau pur și simplu stând în liniște și contemplând.

- Îngrijește-ți corpul.

O dietă sănătoasă și exercițiile fizice regulate te pot ajuta să te simți bine atât fizic, cât și mental. Fii atent la semnalele pe care ți le trimite corpul tău și îngrijește-l cu dragoste și sensibilitate.

- Fă lucruri care îți aduc bucurie.

Identifică activitățile care te fac să te simți bine și să-ți aducă bucurie și fă-le mai des. Fie că este vorba despre pictură, gătit sau plimbări în natură, lasă-te să te bucuri de aceste activități.

- Înconjoară-te de oameni pozitivi.

Relațiile sănătoase și sprijinul emoțional sunt extrem de importante pentru a ne menține iubirea de sine. Înconjoară-te cu oameni pozitivi, care te susțin și care te fac să te simți bine.

- Practică recunoștința.

Fii recunoscător pentru tot ceea ce ai în viața ta și încearcă să găsești motive pentru a fi fericit și mulțumit. Practicând recunoștința, vei învăța să apreciezi mai mult lucrurile mici și să-ți pui în valoare viața.

Iubirea de sine este un proces continuu și este important să avem grijă de noi înșine și să ne acordăm timpul necesar pentru a ne dezvolta și a ne îngriji în moduri care ne fac să ne simțim bine. Prin urmarea acestor sfaturi, vei putea menține iubirea de sine în fiecare aspect al vieții tale și vei putea să trăiești o viață plină de bucurie și fericire.

Iubirea de sine este un aspect crucial al bunăstării noastre mentale, emoționale și fizice. Ea înseamnă să ne acordăm importanța pe care o merităm și să ne tratăm cu respect, încredere și compasiune. A avea o relație sănătoasă cu noi înșine este fundamentul unei vieți fericite și echilibrate. În viața de zi cu zi, iubirea de sine se reflectă în felul în care ne tratăm corpul, mintea și sufletul. Este important să ne acordăm timp pentru a ne odihni, a face exerciții fizice, a mânca sănătos și a ne îngriji de noi înșine. Împărtășirea momentelor plăcute cu cei dragi, petrecerea timpului în natură sau practicarea unei activități care ne aduce bucurie sunt modalități prin care putem încuraja iubirea de sine.

Iubirea de sine este, de asemenea, legată de acceptarea de sine și de recunoașterea valorii noastre personale. Este important să ne acceptăm așa cum suntem, cu bune și cu rele, și să ne bucurăm de unicitatea noastră. Fiecare dintre noi are calități și talente speciale care ne fac unici și de neînlocuit. În relațiile cu ceilalți, iubirea de sine ne ajută să stabilim limite sănătoase și să ne ferim de relații toxice.

Nevoia de a ne respecta pe noi înșine și de a ne pune sănătatea și fericirea pe primul loc ne ajută să stabilim relații sănătoase și echilibrate cu ceilalți.

Iubirea de sine nu înseamnă egoism sau narcisism, ci înseamnă să ne preocupăm de propriul nostru bine, pentru a putea oferi și celorlalți iubire și sprijin. Atunci când ne iubim pe noi înșine, suntem mai fericiți, mai împliniți și mai capabili să contribuim la binele celor din jurul nostru. Iubirea de sine este cheia unei vieți echilibrate și pline de fericire.

Pentru a ne aminti constant că suntem vrednici de iubire și respect, este important să ne concentrăm în primul rând pe propria stima de sine. Este esențial să ne acceptăm așa cum suntem și să ne iubim pe noi înșine, cu toate aspectele noastre pozitive și negative. Acest lucru implică să ne acordăm timp să ne cunoaștem și să ne acceptăm propriile emoții și gânduri, fără a ne judeca sau critica.De asemenea, este important să ne asigurăm că ne tratăm corpul și mintea cu respect. Asta înseamnă să avem grijă de noi înșine prin adoptarea unui stil de viață sănătos, care include alimentație echilibrată, exerciții fizice regulate și odihnă adecvată.

De asemenea, este important să ne acordăm timp pentru relaxare și activități care ne aduc bucurie și satisfacție.

Pentru a ne manifesta acest sentiment de iubire și respect în fiecare zi, putem începe prin a ne tratat ceilalți cu amabilitate și compasiune. Este important să fim recunoscători pentru oamenii dragi din viața noastră și să le demonstrăm aprecierea și recunoștința noastră. De asemenea, putem practica acte mici de bunătate și generozitate față de cei din jurul nostru, fără a aștepta nimic în schimb.

Pentru a ne aminti constant că suntem vrednici de iubire și respect, este important să ne acordăm timp pentru autocunoaștere și autoacceptare, să ne tratăm corpul și mintea cu respect și să fim recunoscători și buni cu cei din jurul nostru. Prin practicarea acestor aspecte în viața de zi cu zi, putem crea un mediu în care iubirea și respectul sunt prezentate în mod constant și în care ne putem simți cu adevărat valoroși și apreciați.

 Vă propun 10 exerciții practice pentru a ne menține iubirea de sine în fiecare aspect al vieții noastre.

1. Identificarea și acceptarea propriilor nevoi și dorințe.
- este important să știm ce ne face fericiti și ce ne face sa ne simțim bine. Aceasta înseamnă să ne asigurăm că ne acordăm timp să facem lucrurile pe care le iubim și să ne asigurăm că ne ascultăm și ne respectăm propriile dorințe și limite.
 Exemplu: Dacă știi că ai nevoie de timp pentru tine și pentru relaxare, stabilește-ți un program în care să-ți acorzi zilnic timp pentru activitățile care îți aduc bucurie, cum ar fi cititul unei cărți, meditația sau practicarea unei activități fizice.

2. Practicarea autocunoașterii și introspecției
- este important să fim conștienți de propriile noastre gânduri, emoții și comportamente pentru a ne înțelege mai bine și a ne putea dezvolta în mod sănătos.
Exemplu: Începe un jurnal în care să-ți notezi gândurile și emoțiile tale zilnice și fă-ți timp să reflectezi asupra lor pentru a identifica pattern-uri și tendințe.

3. Îngrijirea de sine.
- îngrijirea de sine este esențială pentru
menținerea iubirii de sine. Acest lucru
înseamnă să ai grijă de corpul tău, să te
hrănești sănătos, să te miști în mod regulat și
să acorzi atenție igienei mentale și
emoționale.
Exemplu: Pentru a-ți îngriji corpul, asigură-
te că faci mișcare în mod regulat, îți hrănești
corpul cu alimente sănătoase și îți acorzi
suficient somn. Pentru igiena mentală și
emoțională, practică tehnicile de gestionare a
stresului, cum ar fi meditația și respirația
conștientă.

4. Stabilirea și menținerea limitelor
personale.
- este important să stabilim limite sănătoase
și să ne asigurăm că le respectăm pentru a ne
proteja și a ne menține echilibrul emoțional.
Exemplu: Dacă simți că cineva îți depășește
limita personală, spuneți-le clar și ferm că nu
vorbești despre subiectul respectiv sau că nu
îți place comportamentul lor. Este important
să nu te simți vinovat atunci când îți afirmi
limitele personale.

5. Practicarea respectului și compasiunii față de sine .
- se spune că trebuie să ne tratăm pe noi înșine cu aceeași compasiune și respect pe care le-am arăta unei persoane dragi. Exemplu: Atunci când faci greșeli sau dai greș într-un anumit domeniu, nu îți critici sau judeci dur pe tine însuți. În schimb, îți acorzi aceeași înțelegere și încurajare pe care le-ai oferi unei persoane dragi care se confruntă cu o situație similară.

6. Menținerea unui stil de viață sănătos.
- un aspect important al iubirii de sine este să ai grijă de corpul tău și să îți menții sănătatea fizică și mentală. Exemplu: Pentru a menține un stil de viață sănătos, asigură-te că faci exerciții regulat, mănânci sănătos, dormi suficient și eviți substanțele nocive, cum ar fi alcoolul și drogurile.

7. Practicarea activă a recunoștinței.
- a fi recunoscător pentru lucrurile bune din viața ta te poate ajuta să îți crești nivelul de fericire și mulțumire.

- Exemplu: Începe un jurnal de recunoștință în care să-ți notezi zilnic trei lucruri pentru care ești recunoscător. Acest exercițiu simplu poate contribui la creșterea nivelului tău de mulțumire și iubire de sine.

8. Exprimarea emoțiilor și nevoilor tale în mod clar și respectuos.
- este important să îți exprimi emoțiile și nevoile într-un mod deschis și respectuos pentru a-ți menține relațiile sănătoase și pentru a te simți împlinit și înțeles.
Exemplu: Atunci când ești supărat sau nemulțumit de ceva, exprimă-ți aceste emoții și nevoi într-un mod calm și clar către persoana cu care interacționezi. Acest lucru te va ajuta să eviți acumularea resentimente și să menții o comunicare sănătoasă.

9. Menținerea unui echilibru între muncă și viața personală - este important să îți acorzi suficient timp pentru a te relaxa și a te bucura de viața ta personală, în loc să te lași absorbit de muncă și responsabilități.
Exemplu: Stabilește-ți limite clare între viața ta profesională și viața ta personală și asigură-te că ai suficient timp pentru a-ți dedica pasiunilor și intereselor personale.

10. Acordarea atenției și iubirii de sine în fiecare zi .

- iubirea de sine nu este un proces pe care îl poți termina odată pentru totdeauna. Este un angajament continuu cu tine însuți și o practică de a te iubi și a te accepta așa cum ești.

Exemplu: Fiecare dimineață, acordă-ți câteva momente pentru a-ți exprima recunoștința față de tine însuți și pentru a-ți oferi rugămintea și iubirea. Acest mic exercițiu te poate ajuta să pornești ziua cu un sentiment de afectiune și respect pentru sine.

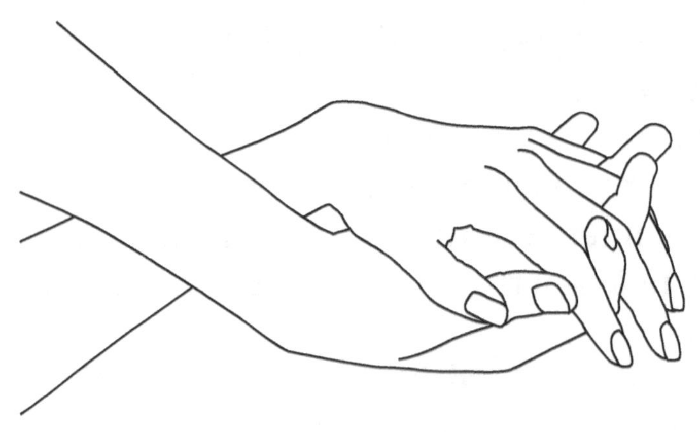

"Nu putem iubi pe
nimeni dacă nu ne iubim
pe noi înșine."
- Lucius Annaeus
Seneca

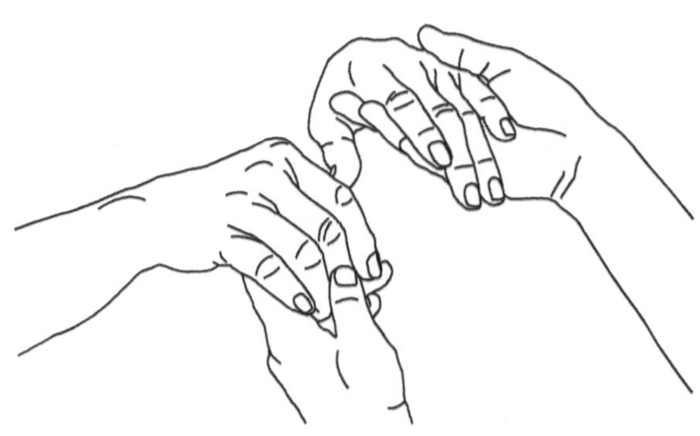

தங்கதுரையின்

THUG LIFE ஜோக்ஸ்

தமிழ் & Tanglish

தங்கதுரை